解码清華附中

A Comprehensive Overview of THUHS

方妍 曹海翔 时晓玲 等◎编著

清華大學出版社
北京

图书在版编目（CIP）数据

解码清华附中 / 方妍等编著. -- 北京 : 清华大学出版社, 2025. 9.
ISBN 978-7-302-70320-4

Ⅰ. G63

中国国家版本馆CIP数据核字第2025AX6212号

责任编辑：肖　路
封面设计：谢晓翠
责任校对：欧　洋
责任印制：杨　艳

出版发行：清华大学出版社
网　　址：https://www.tup.com.cn，https://www.wqxuetang.com
地　　址：北京清华大学学研大厦A座　　**邮　　编**：100084
社 总 机：010-83470000　　**邮　　购**：010-62786544
投稿与读者服务：010-62776969, c-service@tup.tsinghua.edu.cn
质量反馈：010-62772015, zhiliang@tup.tsinghua.edu.cn
印 装 者：三河市春园印刷有限公司
经　　销：全国新华书店
开　　本：165mm×235mm　　**印　　张**：16.75　　**字　　数**：188千字
版　　次：2025年9月第1版　　**印　　次**：2025年9月第1次印刷
定　　价：69.00元

产品编号：114511-01

鸣谢以下教师 / 校友参与访谈支持（按姓氏拼音排列）：

艾 斌 陈 妍 黄丽梅 李书霞 倪斯杰 邱晓云 王 田 汪 玉 向 丽

序

守教育初心，育时代新人

——清华附中教育实践的时代启示

《解码清华附中》在清华附中 110 年校庆之际面世了，这是一部凝聚着附中几代人心血与智慧的作品，它是对学校百年办学理念的系统梳理，更是对中国基础教育发展道路的深刻阐释与实践探索，承载着厚重的历史与未来的希望。

教育是民族复兴的基石，基础教育则是培根铸魂的根本所在。回溯清华附中百余年的发展历程，其每一步前行的轨迹都与国家命运紧密相连，同频共振。110 年前，清华附中的前身成志学校自诞生之日起，便以“立人为本，成志于学”为指引，开启了独具特色的育人之路。此后，这一思想穿越百年风雨，在万邦儒校长“德、智、体全面发展”的教育理念的感召下焕发生机，在赵庆刚校长“育人为中心，学生为主体，为了每一个学生个性自由全面的发展”的教育理念的引导下全面完善，在王殿军校长提倡的“为未来领袖人才奠基”的理念中不断升华，在方妍校长“时代为志，育人为本，行动为要”的最新办学理念中集大成。百年间，这一凝聚着一代又一代人集体智慧的育人思想始终一脉相承，薪火相传。

如今的清华附中，已实现了华丽的蜕变，从当年的一隅书斋发展成为教育强国建设进程中的时代标杆。学校始终以“立德树人”为根本任务，坚持将学生的身心健康视为教育的基石，以行有“心”之教重塑德育范式，将社会主义核心价值观融入教育全过程。作为教育部直属高校的附属中学，学校在办学中始终践行“大中学贯通”的理念，依托大学资源，构建共研、共享、共创等协同育人机制。学校强调以课堂改革重构教学生态，实现从知识传授向素养培育的转型；以纵向贯通培养、横向学科融通为抓手广泛激发学生的创新潜能，全方位培养各领域拔尖创新人才。学校以马约翰体育特长班为龙头带动全体学生践行“无体育，不清华”的理念，强健学生体魄；以美术特长班和零起点艺术兴趣社团提升学生的艺术素养；以“用脚步丈量祖国大地”的目标激

励学生投身社会实践，厚植家国情怀。这些育人理念和实践探索的迭代升级，既彰显了清华附中人对教育规律的深刻认识与切实把握，更体现了清华附中人对时代使命的主动担当。

在教育全球化浪潮与本土化发展的碰撞与交融中，清华附中立足本土，放眼世界，培养出一批批根植中国文化、具有独立思考能力与创新精神的国际化杰出人才。

清华附中创立了资源共享的教育模式，在集团化办学和教育帮扶中，将优质教育资源辐射到众多教育薄弱地区，展现了一所名校的责任担当。

以百年文脉滋养时代新人，以创新实践诠释教育真谛。本书不仅是清华附中多年办学经验的总结，更是中国基础教育改革发展的生动样本。它告诉我们：教育创新既要立足当下的实践，又要面向未来的发展；既要继承优秀文化传统，又要回应时代之问。

期待更多教育工作者能够从这本书中汲取智慧，共同书写中国教育的新篇章！

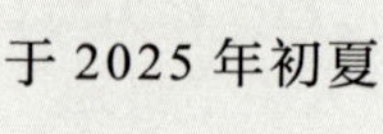

于 2025 年初夏

目录

第四章　课堂改革
——打造“有生命力的课堂”

第五章　科创教育
——点燃创新之火，培育未来科技之星

第六章　艺术教育
——为优雅人生奠基

第七章　无体育，不清华

第八章　家校社协同育人新生态
——融合·创新·赋能

第九章 集团化办学
——构建教育发展命运共同体

第十章 教育帮扶
——跨越山海共筑教育梦

第一章

当好人民教育新示范，办好强国教育新样板

——访清华附中校长方妍

一、百年基因与时代传承

1. 清华附中在 110 年校庆这样一个重要节点上，为什么提出“当好人民教育新示范，办好强国教育新样板”的战略目标？

方妍：在 110 年校庆之际，在新学期全体教职工大会上，我以坚决扛起“当好人民教育新示范，办好强国教育新样板”的时代使命为主题，发布了动员令。这是清华附中发展历史上具有里程碑意义的一刻，它标志着谋划已久、代表着附中未来发展方向的这一核心战略，已经开始从理念构想进一步转化为了全体师生的行动纲领，成为学校高质量发展的行动指南。

清华附中提出“当好人民教育新示范，办好强国教育新样板”的战略目标，是在百年发展脉络中寻找新时代教育坐标、将学校发展纳入国家教育现代化整体布局的一次果敢行动，是学校百年办学传统与新时代教育使命的深度融合。这一目标的确立，是对清华附中百年办学传统的凝练，更是对国家教育强国战略的主动担当。

清华附中自建校以来，始终与国家民族的命运同频共振。

这一目标的提出并非偶然，而是百年附中“与祖国共进，与时代同行”精神的自然延伸。将“自强不息，厚德载物”这一清华文化基因与新时代教育强国战略需求相结合，既延续了附中培养担当民族复兴大任的时代新人的历史使命，又赋予其为中国基础教育提供可复制范式的新内涵，体现了历史传承与未来引领的相互呼应。因此，我对清华附中的师生说，全力办好强国教育新样板，是附中人献给校庆最好的礼物。

2.“当好人民教育新示范，办好强国教育新样板”，清华附中提出这一战略目标的底气何在？

方妍：清华附中的历史基因也是它的使命基因。这份底气既源于学校深厚的历史积淀，更来自教育者的使命担当。自建校以来，清华附中始终以清华精神为根本，形成了独具特色的育人传统。一代代附中人秉持着教育初心，始终将个人理想与国家发展紧密相连，在教育探索中勇担使命，以“为党育人、为国育才”为己任，用实际行动诠释教育工作者的责任与担当。

作为从教学一线成长起来的教育工作者，我深知教育事业的深远意义与重大责任。在清华附中，我们倡导一种全身心投入的奉献精神，立志将教育理想深植于这片沃土，以“功成不必在我，功成必定有我”的信念，为学校发展倾注全部心血。面对教育改革中的重重挑战，我们会始终保持昂扬的斗志，视困难为突破的契机，以问题为导向，带领全体师生不断探索创新，推动教育事业向前迈进。我们的目标不仅是成为国内基础教育的标杆，更要立足中国、放眼世界，打造具有国际影响力的教育样板，为实现教育强国目标贡献力量。

3. 清华附中“新示范”与“新样板”的双重使命如何落地？

方妍：在教育强国建设的新征程中，清华附中如何找准定位，以百年积淀赋能基础教育高质量发展，这一点至关重要。接任校长工作的第二年，我在一次暑期干部会上明确提出“时代为志，育人为本，行动为要”的办学理念。这12字办学理念，既是百年附中精神与时代诉求的深度凝练，也是清华附中践行“为党育人、为国育才”初心，确定新的发展坐标，开拓学校高质量发展新格局的重要依据与实施路径。

我常说，教育不是雕刻，而是唤醒。这12字办学理念的核心，就是以时代需求为导向找准方向，以学生成长为根本守住初心，以务实行动为路径推动变革。它不仅是清华附中的行动纲领，更是我们对基础教育使命的深刻理解——让学校成为滋养生命、启迪智慧、塑造灵魂的精神家园，为国家培育堪当民族复兴大任的时代新人。

“时代为志”要求学校立足时代需求，把握教育发展趋势和方向，这为“当好人民教育新示范，办好强国教育新样板”确立了方向，只有明确时代赋予教育的使命，才能在打造新示范和新样板的过程中找准路径。“育人为本”强调以学生为中心，关注学生的全面发展，这是教育的根本任务，也是附中成为新示范和新样板的核心要求，只有培养出全面发展的人，才能真正体现教育的价值。“行动为要”突出的是将理念转化为实际行动，注重实践和落实，为实现新示范和新样板提供方法和路径。只有切实的行动，才能将目标变为现实。

总之，“当好人民教育新示范，办好强国教育新样板”是“时代为志，育人为本，行动为要”这一办学理念的具体实践和成果体现。

二、学校变革与路径选择

1. 学校高质量发展需要不断变革出新。如何选择合适的路径？

方妍：当前，教育面临科技变革、人才需求升级等多重挑战，唯有主动变革才能破局。以变革为着力点推动学校高质量发展，是新形势下我们的一种态度。学校是教育理念转化为育人实践的主阵地，为此我们将一如既往地遵循守正创新，将高质量发展聚焦在教师队伍建设、人才培养和课程建设、“课堂革命”等方面，坚持持续发力。

学校不断加强高质量教师队伍建设。学校实施人才强校战略，持续打出“1+2+3+4+N”的人才强校组合拳。“1”是一种精神引领，以教育家精神为引领，通过专题读书分享等活动，致敬“大先生”；“2”是两项核心技能，构建“德育+教学”两翼齐飞体系，通过开展德育研修课程、教学能力提升工程等，提升教师德育和教学能力；“3”是三层梯队建设，聚焦青年、中坚、高端3个维度，建立人才队伍建设体系，首创教师荣誉体系；“4”是四大工程赋能，包括头雁领航、师德锻造、薪酬优化、综合保障工程；“N”是多重机制保障，如“引育并举”、党建业务“双培养”等多种机制，保障教师成长。

学校坚定培养“为党成才，为国奉献”的时代新人。针对不同学段学生的特点，通过创新型、个性化教育，培养具有家国情怀、强健体魄、丰盈内心、国际视野的拔尖创新人才。如设置不同德育目标和课程培养家国情怀，实施“体教融合”培养体魄强健的人，构建“四位一体”心理育人体系培养内心丰盈的人。

学校以提质增效为重点，掀起了一场“课堂革命”。这场“课堂革命”从学生发展的核心素养出发，设计出包括核心课程、综合实践课程等在内的立体课程体系，转变了师生教与学的方式，让课堂“火”起来，真正达到育人目标。

学校加强校园文化建设，不断总结提炼文化理念体系和内涵，优化校园环境，建立价值体系，打造智慧校园，以文化涵育师生，发挥校园文化的导向、陶冶功能。

学校还积极履行名校责任，与近 30 所合作学校共画“同心圆”。完善合作办学框架，把管理团队和教师团队配齐、配强，建立完善的制度。本部教师赴分校所在地开展教研指导，各地教师到本部学习实践，为教育薄弱地区筑基赋能。

2. 清华附中高质量发展的一套“组合拳”，从哪里先出拳破题？

方妍：“育人为本”是变革的底线与标尺。清华附中打出高质量发展的“组合拳”，从育人理念与办学目标率先破题，这为学校各方面的变革与发展明确了方向。在育人方面，清华附中充分发挥自身优势，展开了多维度的探索。

构建多元课程体系。学校从学生发展核心素养的培育角度出发，设计并架构了立体而全面的课程体系，包括核心课程、综合实践课程、综合课程、衔接课程、生涯课程等。其中，核心课程又分为基础类、拓展类、研究类 3 个层级，满足不同学生的学习需求；综合实践课程（如“读万卷书，行万里路”文化考察课程），让学生在实践中运用知识、开阔视野。

创新人才培养模式。学校实施“体教融合”战略，深挖体育育人的价值，以掌握一项体育技能为基本要求，通过专业人才带动其他学生。马约翰体育特长班不仅为国家输送了大量专业的高水平体育人才，也使全校学生增强了体育意识，养成了终身锻炼的习惯。同时，学校构建了“四位一体”的心理育人工作体系，通过教育教学、课外实践、咨询服务、预防干预，培养内心丰盈的学生；学校还搭建了艺术社团平台，如金帆民乐团等，为学生提供艺术交流空间。

关注学生个性发展。设计高一至高三的阶梯性育人目标，高一厚植家国情怀、夯实习惯养成；高二深化思维品质、锤炼综合能力；高三聚焦使命担当、锻造坚韧品格。通过“学业成长小组”“青春主题活动”等形式，满足不同阶段学生的成长需求。学校还建立起“成长导师制”与“分层培养”等机制，助力学生精准突破。

国际教育融合发展。学校坚持中国根基、国际品质、中西合璧、清华特色的国际教育办学特色，密切关注大学各类人才培养要求，使人才培养理念与大学贯通相承，不断丰富选鉴方式、创新培养模式、促进交叉融合，培育具有国际视野、创新思维的优秀人才。

3. 作为大学的附属中学，清华附中在与大学贯通培养人才方面做了哪些探索？

方妍：清华附中与清华大学有着深厚的历史渊源。在共同致力于培养拔尖创新人才目标的引领下，双方围绕中学与大学贯通培养展开了诸多实质性探索。

构建特色课程体系。打造特色课程群，中学教师参与国家课程校本化设计，大学教师协同构建校本课程体系。开设贴近大学本科低年级通识教育的课程，让学生了解学科内容和前沿知识，激发学科志趣，如中国高中大学先修课程（CAP）体系。

设立创新人才培养项目。2021年学校成立“零一学堂班”，参与零一学院面向全国优秀大中学生的拔尖创新人才开放式贯通培养。2025年在高一年级成立人工智能实验班，独立成班并纳入创新班培养体系，采用项目式教学，培养学生跨学科知识融合能力等。学校还参与“中学生英才计划”“中学生科技创新后备人才培养计划”等，为科技创新人才提供培养路径。

建设高研实验室。学校设有包括机器人与自动化、能源系统、计算机科学、资源环境与地理信息、生命科学、化学分析和“波音·牛顿飞行实验室”在内的7间高等项目研究实验室，以中学学科需求为主，为高中生科技项目研究搭建平台。实验室师资除本校教师外，还有来自清华大学、北京大学等高校的教师，中学与大学共同制定人才培养方案、课程及项目。

争取政策支持与优化培养模式。建议在中考自主招生时，对有学科天赋的学生提供录取优惠，延长拔尖创新人才的培养周期，从中学起步为学生提供绿色上升通道，实现连续 4～6 年的贯通培养。

成立创新书院。注重学生能力的衔接与兴趣的培养，倡导探究式、项目式学习，构建贯通培养教学的体系，建构学习共同体和导师制，将全面发展与个性指导相结合。

开展清华附中教育集团人工智能通识教育。例如，在本部的带动引领下，清华附中天府学校成为清华大中小学人工智能通识教育体系研究的首批研究与实践单位，教师参与课程研发与讲师认证，学校开设相关通识课程及校本课程，实现“小学—初中—高中—高校”资源衔接，打破学段育人壁垒。

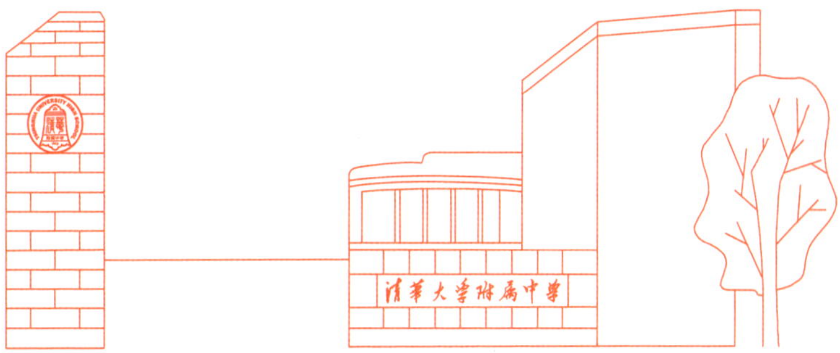

三、实践成果与未来展望

1. 在教育变革与贯通培养中，清华附中有哪些创新成果与特色发展？

方妍：清华附中在创新人才培养方面成果颇丰。附中学子在全国青少年科技创新大赛、“明天小小科学家”奖励活动等赛事中多次获奖。学校机器人社团多次在国际机器人竞赛中夺冠，其研发的智能机器人应用于环保监测、社区服务等场景，学生从知识学习走向实践应用，展现出解决实际问题的能力。

体教融合与艺教融合独具特色。学校高中男、女篮实力强劲，在耐克中国高中篮球联赛中，男篮获 14 次冠军，女篮获 8 次冠军，为国家输送了众多优秀体育人才。学校与专业体育机构合作，搭建科学的训练体系，助力学生成长。附中在艺术领域同样成果突出，学生的艺术作品多次亮相国际艺术展览、国家级艺术赛事。学校与知名艺术院校联合开展艺术实践活动，为学生提供了广阔的艺术交流平台，从而提升了学生的艺术素养与创造力。

学校在教育理念与教学方法上持续创新。在教学方法上，通用技术课堂鼓励学生自主设计、小组合作完成创意木工作品，培养学生的创新思维与团队协作精神。在课堂模式上，推进“课堂革命”，以“一个中心（以学生为中心），两个基本点（核心素养和高阶思维），四个基本元素（提出精彩多样的问题、设计有趣丰富的任务、构建真实变化的情境、开展合作沉浸的活动）”提升教学质量，激发学生学习兴趣。

2. 清华附中在示范引领与辐射带动方面有何作为？

方妍：清华附中在示范引领与辐射带动上积极作为。

开展集团化办学与资源共享。通过承办多所分校，如清华附中朝阳学校、永丰学校、上地学校、昌平学校、湾区学校等，持续输出优质教育资源，促进集团内资源多元供给、充分共享。例如，清华附中湾区学校规划设置108个班（小学18个班、初中30个班、高中60个班），可提供5310个优质学位，有力推动当地教育发展。同时，附中通过搭建线上资源共享云平台，向全国各地学校开放提升教学能力的高阶研究课程、德育活动和研究课视频等优质资源，助力教育工作者教学水平的提升。

开展教育帮扶与合作。深度参与国家乡村振兴重点帮扶县教育人才“组团式”帮扶工作，多次组织专家团队赴川西三州五县等地实地调研，为四川省金川县中学、丹巴高级中学等多所学校制定帮扶方案。通过实施干部管理能力提升课程项目，联合清华大学继续教育学院，累计提供干部线上、线下专题培训20场次，安排帮扶学校干部教师来校学习、实践；开展线上联研联训，组织党员支教团送教下乡，并开放校内资源共享云平台，全方位提升帮扶学校教育质量。

此外，学校积极开展跨区域交流，与其他地区学校分享教育教学经验。在国际交流方面，清华附中国际部为在华外籍人员子女及海外归国人员子女提供融合中西文化的教育模式。学校选派教师赴美国、挪威等国调研学习，引入国际先进的教育理念与课程，不断提升国际教育交流水平。

3. 面向未来，清华附中将如何应对新挑战？

方妍：面对未来挑战，清华附中已在多方面布局，力求办好强国教育新样板。

科技赋能与课程革新。学校加大教育科技投入，开发 AI（人工智能）个性化学习系统，依据学生的学习情况制定专属学习路径，提升学习效率。持续深化课程改革，增加跨学科课程占比，开设“人工智能与生命科学”“环境科学与社会发展”等前沿融合课程，培养学生解决实际问题的综合能力。参与清华大中小学人工智能通识教育课程体系研究，借助张钹院士等专家团队力量，不断完善人工智能等新兴领域课程建设，从而适应未来社会对复合型人才的需求。

师资队伍建设的升级。学校进一步强化与高校、科研机构的合作，定期开展教师培训活动。针对人工智能、跨学科教学等领域，提升教师专业能力与科研指导水平，鼓励教师参与前沿学术研究。完善教师激励机制，实施青年拔尖人才、卓越领军人才、深耕领航人才计划，对于在教学创新、教育科研等方面表现突出的教师给予奖励，激发教师的积极性与创造力，打造高素质师资队伍。

拓展教育合作与辐射范围。清华附中在国内持续扩大教育帮扶范围，巩固与现有帮扶学校的合作，根据不同学校需求，提供更具针对性的教育资源与支持。在国际上，学校加强与世界顶尖教育机构的合作，开展师生国际交流项目、国际课程合作开发等，提升学校国际影响力。

第二章

为党育人、为国育才

——访清华附中党委书记曹海翔

一、清华附中学校党建工作的思考与布局

1. 作为清华附中党组织的负责人，您承担着把方向、管大局的重要职责，请谈谈您对这个角色的认识和思考。

曹海翔：说来也巧。中共中央办公厅印发《关于建立中小学校党组织领导的校长负责制的意见（试行）》不久，我由清华大学正式任命，到清华附中任党委书记。在来附中之前，我一直在清华大学工作，做过任课老师、班主任，也有过多年学生思政工作和教职工党建工作的经历。但中学的教学、管理和服务等方面工作毕竟与大学有较大差异。面对新形势、新岗位、新任务，作为学校党组织的负责人，如何在既有工作经验的基础上传承创新，将附中发展带上一个新台阶、新高度，从接受任命的那一刻起，这个问题始终在我脑海中萦绕。

在我看来，作为一所中学，尤其是清华附中这样一所历史悠久、底蕴深厚的学校的党组织书记，在实际工作中，必须有强烈的使命感和责任意识，坚持社会主义办学方向，确保学校始终为党育人、为国育才，落实好立德树人的根

本任务，还要有能力团结带领班子成员和全体党员、教师，扎实推动学校各方面工作，促进学校各项事业高质量发展，培养全面发展的社会主义建设者和接班人。

中学工作千头万绪，新一届领导班子的党建工作要从抓领导班子和干部队伍入手，从抓党员教师在学校创新发展中发挥模范带头作用入手，从以优良党风带校风和学风入手。但是在衡量学校党委和党委书记的工作时，归根结底还是要看这个学校的高质量发展是否能持续，是否能真正做到以风清气正促欣欣向荣。

通过一段时期的融入，我越来越喜欢附中这个温暖的大家庭，这里有一支团结进取的干部队伍，有一群拥有仁爱之心的好老师，更有一大批非常优秀、可爱的孩子。我在近两年的干部年度述职时都说到，附中是个想干事、能干事，也能干成事的地方，我愿意为之付出自己最大的努力。

2. 在中小学建立党组织领导的校长负责制，关键在于明确职责、加强协调、提升队伍、完善制度，促进党建工作与业务工作融合。这一思想为学校治理体系和治理结构带来了哪些变化？

曹海翔： 党组织领导的校长负责制为中小学原有的校长负责制管理模式带来了深刻变革，这一体制与运行机制的转型需经历较长时间的磨合，并通过实践检验与不断调整方能完善。在这个过程中，党政之间的协同配合尤为关键，附中在这方面的过渡是比较顺畅的。一方面，作为清华大学的二级单位，附中较早便按照大学的要求实施了党政联席会议机制，党委与行政班子分工协作，党员及教师对党组织在学校治理体系中发挥的重要作用能够给予高度肯定和认同，故而转为党组织领导的校长负责制时，容易被大家接受和理解。另一方面，方妍校长曾长期担任附中党委书记，有着很高的政治站位和领导能力。为了让我尽快熟悉附中的工作，她主动邀请我参加校长办公会，并由我牵头负责大中小学思政教育一体化和基金会等工作，从而发挥了我与大学马克思主义学院和相关部门比较熟悉的优势，也让我能更快了解附中的运行机制。同时，我也全力支持校长在教育教学和行政管理上的全面布局，通过发挥党组织的政治功能和组织功能助力学校中心工作，在纯教学活动中尽量多听少说，避免外行领导内行。我的理解是，如果学校的党政主要负责人都有大局观，两人保持既分工又协作的关系，大事上定期沟通，保持一致，有需要时相互补位，就能团结一致共同推动学校的高质量发展。

3. 将党建工作与学校日常教育教学工作相融合，是顺应国家教育发展趋势、落实立德树人根本任务的必然要求，也是一个实践性很强的新课题。如何在工作中科学布局？

曹海翔：落实中小学党组织领导的校长负责制，除在学校领导体制上进行落实，加强党对学校工作的领导外，很重要的一点就是要把党组织的作用落实到立德树人的全过程中，落实到日常教育教学的一线中。在新形势的背景下，学校党委对在职教职工党支部进行了调整，由原来的6个党支部调整为8个，使得党支部与教研组进一步对应，更好地实现“支部建在连上”。同时配置党员教研组长担任党支部书记，以便更好地统筹教研组内的党建和业务工作。在支部工作任务上，把课程思政纳入支部工作的职责中，落实党支部和党员教师在学科育人中的主体责任和课堂在思政教育中的主阵地作用。教师党支部每年聚焦党建业务融合主题，申请清华大学的“攀峰工程”作为支部的特色活动。我还邀请了部分清华大学负责党建工作的老师来附中指导工作，以便更好地借鉴大学教师党支部在教学和科研工作中发挥作用的好经验和好做法。上述这些工作也是党支部和支部书记年度述职考核和评优评先的重要内容。通过以上工作安排，党组织的政治功能和组织功能在基层党支部得到了有效落实，党支部和党员教师在立德树人工作中的责任变成了一项项的具体工作，其成效可落实、可检查。

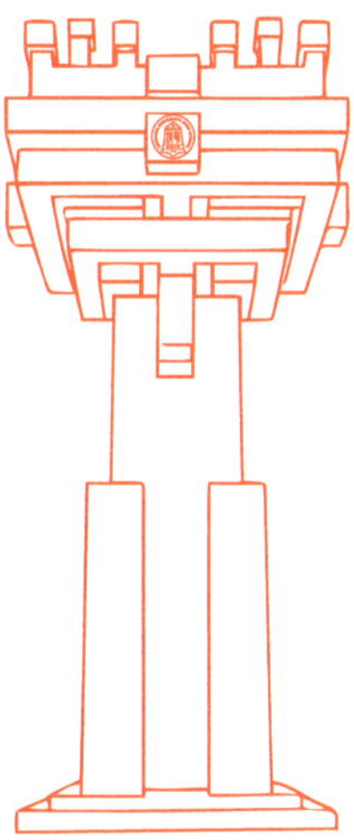

二、清华附中与清华大学精神的一脉相承与贯通培养

1. 清华附中与清华大学精神始终一脉相承，这种传承对塑造学生的价值观、培养家国情怀、落实“立德树人”的根本任务起到了哪些关键作用?

曹海翔：清华大学秉承“自强不息，厚德载物”“爱国奉献，追求卓越”和“行胜于言”的优良传统，把学生的思想政治工作放在人才培养的首位，在新时期激励学生“立大志向，上大舞台，干大事业”，培养造就出一代又一代的优秀建设者和可靠接班人。清华大学的教育理念与党中央的要求是完全一致的，清华附中的校训、校风和学风也沿用了清华大学的理念，充分体现了其与清华精神的一脉相承。按照清华大学的教育理念在附中培养青年学生，既是在贯彻落实党的教育方针，也是在传承清华的优良传统。

同时，在清华附中发展的不同阶段，以清华精神为底色，又演变出清华附中符合各个时代特点的办学理念和特色。万邦儒校长提出“思想是方向，教学是中心，身体是基础”，王殿军校长提出“为未来领袖人才奠基”，以及方妍校长提出“时代为志，育人为本，行动为要”的办学理念，

都体现出历代附中人始终心怀“国之大者”，不忘初心使命，也体现出历代附中人的办学思想和育人理念始终保持了鲜明的传承性和时代性，始终同步甚至领先于所处时代。

2. 贯通培养是附中创新性实践的重要特征，这一特征在学校德育工作中是如何体现的？

曹海翔：背靠清华大学，开展大中衔接培养是清华附中得天独厚的优势条件，也是实现人才贯通培养的重要举措。清华大学蒋南翔校长就曾说过，大学办附属中学的目的就是探索人才贯通培养的可行性。在德育工作方面，附中在大学马克思主义学院的带动下，共同参与思政课同课异构环节。清华大学、附中、附小的思政课老师聚在一起同备同讲一堂课，对同一主题内容以不同的视角和授课对象，积极研讨，相互借鉴，从而起到大中小学思政课循序渐进、螺旋上升的良好效果。

同时，附中也非常重视与大学的德育一体化工作。清华大学是流淌着红色基因的学校，爱国主义教育资源非常多。如新中国“两弹一星功勋奖章”获得者中，有 14 位都曾在清华大学学习或工作过。建校 90 周年之际，清华大学校友组织采访部分“两弹一星元勋”的遗孀，以采访到的素材创作了《我愿以身许国》诗话剧。2022 年，附中将此剧引入学校，为学生做专场演出。2024 年，在艺术家的指导下，这部剧全部由附中学生复排，上演了青春版的《我愿以身许国》。我在演出现场看到，当天学生们观看演出时，个个目不转睛，全身心地投入其中，爱国主义精神和家国情怀就这样浸润到学生的心中。此次活动也以高票当选学校年度十大新闻，可见大家对它的认可程度。再如，在甘肃省嘉峪关市的核工业基地，当年一批批清华大学学子响应国家号召来到此地奉献青春，投入国家的国防事业之中。

2024 年，清华附中组织学生赴此地感悟清华核工业人艰苦奋斗、创新奉献、矢志报国的伟大精神，并建立了立德树人教育基地。今年学校又鼓励部分班级与当地酒钢三中的班级建立“姊妹班”，相互取长补短，共同学习进步。类似这样的活动还有很多。学生德育活动要想达到形式和内容的统一，要能做到入脑入心，就需要有真正能打动学生、让学生从心底里产生共鸣的东西。附中积极从清华大学的历史长河中挖掘和传承思政教育资源，这些鲜活、真实的青年和他们的事迹，很容易被附中学子理解和认同，是传承清华精神的良好载体。

3. 在人才培养上，清华附中是如何构建贯通培养模式的？

曹海翔：在建校初期，清华附中就已经明确，学校设立的目的很大程度上是实现人才的贯通培养，也就是说，从培养未来人才的角度来更好地看待中学生培养和大学中学教育衔接的问题。清华附中一直在进行这方面的尝试，从 20 世纪 80 年代的高中理科实验班和 90 年代的“一条龙”贯通培养及美术特长生、马约翰体育特长生的培养，都是在尝试走大中衔接的模式，以便更好地选拔与培养国家需要的拔尖创新人才。尤其在科技人才培养方面，附中努力为有科研兴趣的学生创造良好条件，在初中阶段为学生设立创客空间，在高中阶段仿照发达国家科技高中的模式设立高等研究实验室（简称“高研实验室”），聘请部分大学教授与附中的教师共同担任指导教师。学生在学有余力的情况下，利用课外时间按照自己的兴趣爱好开展科学探究，学生的学习能力、科研能力都得到了良好的提升。

举两个例子，也都是我到附中工作后了解到的。第一个例子是一位曾在附中生物高研实验室学习过的学生，高考之后进了清华大学探微书院，书院要求学生在大学一年级就选择自己的科研方向。这位学生由于有高中时的科研经历，所以非常迅速地确定了自己的课题方向，比其他同学更快地开始了实际的研究工作。第二个例子是另外一位曾在信息技术高研实验室学习过的学生，大学一年级时就在清华大学“挑战杯”学生科技展览会上荣获了一等奖，这说明附中的科研训练经历为学生的成长打下了良好的基础。

我来附中以后，进一步加强了附中与清华大学学生科协的联系。从 2024 年开始，“挑战杯”学生课外学术科技展览会为我们提供了专门的展位，让附中学生的科技作品与国内最优秀的一批大学生同场竞技，这进一步激发了学生的科研热情，同时也使他们收获了满满的自信心。随着人工智能时代的到来，附中也紧紧跟随大学的脚步。在清华大学宣布扩招 150 名本科生、着力培养人工智能与多学科交叉的复合型人才之后不到两个月，附中就宣布在高 2025 级成立人工智能实验班，致力于在基础教育阶段实现科技创新人才的早期培养，这也是附中努力探索大中贯通培养的一个有力印证。

三、“当好人民教育新示范，办好强国教育新样板”的担当与未来展望

1. 清华附中提出“当好人民教育新示范，办好强国教育新样板”的依据是什么？

曹海翔：习近平总书记曾指出，清华大学是高等教育的一面旗帜，不但要出人才、出成果，还要出经验、出示范。清华大学党委书记邱勇院士和校长李路明院士近期到附中调研时，都强调附中正处于历史上发展最好的时期，应努力探索学校高质量发展的新路径，力争在基础教育领域出经验、出示范。附中领导班子正是在这样的背景下对自己提出了高要求，就是要在历史发展取得成绩的基础上，努力当好人民教育新示范，办好强国教育新样板。这既是对清华附中建校110年的办学历史和优良传统的传承，也是对大学给予我们肯定和期许的回应，更是附中作为名校应有的责任与担当。

2. 在集团化办学和跨区域协作中，清华附中如何打破传统帮扶模式，实现优质资源的辐射？

曹海翔：党的二十大报告提出，应加快推进义务教育优质均

衡发展。清华附中在自身办学的过程中，逐渐认识到应该让更多的地区和学校认同附中的办学理念和办学模式，形成更大的受益面，为基础教育出力。在过去的十几年中，附中的集团化办学取得了较大的进展，已在京内外陆续承接了 20 多所集团校。今年，清华附中教育集团正式成立，集团的治理体系逐步完善，集团的办学质量和影响力不断扩大。同时，附中还在县中帮扶和教育部组团式帮扶中，陆续与教育资源相对薄弱的10余所学校建立了结对帮扶关系。其中，包括四川大凉山地区的 5 所海拔接近 3000 米的中小学校。在对口帮扶的过程中，我们始终秉承扶贫必先扶智的理念，将帮扶工作从“任务驱动”变为“使命驱动”。这样一来，在帮扶中收获更大的，其实是附中的教师和学生。在了解到山区学校的班主任每个月只能拿到几十元的班主任津贴，但依然热爱教育事业，热爱自己班上的孩子之后，附中的支教教师就不会再抱怨自己的工作太难做；当看到山区学校的孩子为领一块蛋糕要排很长的队时，支教的学生就会为自己在食堂随意浪费粮食的行为感到羞愧。

3. 站在 110 年这样一个新的发展起点上，学校未来有哪些战略规划？将如何培养出更多具有国际视野、能够担当民族复兴重任的新时代青年？

曹海翔： 未来清华附中的发展，既要借鉴国内外已有的好经验、好做法，也要进一步加强与国外基础教育机构的联络。从育人的角度看，新时代的建设者和接班人应该具有更广阔的国际视野，更多地了解这个时代，了解世界文明的多元性，同时也让世界更多地了解中国青年。因此，附中提出，要让一半以上的学生在校期间至少参加一次出国或出境的交换、出访或研学活动。2024 年 1 月，我曾带领附中民乐团出访欧洲，参加中法建交 60 周年艺术节，并与意大利的一所中学建立“姊妹校”关系。在与这些出访学生的近距离接触中，我体会到，中国通过几十年的改革开放和社会经济的发展，现在的学生平视世界的意识与能力都较过去有了极大的提升，他们可以友好地用英文与外国学生交流，也能自信地教他们讲汉语。目前，附中已经与美国、德国、意大利等多个国家，以及我国香港、澳门特别行政区的中学建立了“姊妹校”关系，今后还会与更多地区的中学建立联系。通过着力加强学校间的往来，加强青年学生间的交流，我们进一步凝聚了青年共识、深化了文明交流互鉴，推动了人类命运共同体的建立。

第三章 德育

——厚植君子文化，育全面发展英才

教育，发端于对人的关注，终极目标是服务于人的成长与发展。当今时代，为满足社会多元化需求，推动国家与民族进步，教育的核心目标是培养全面发展的人才。德育，作为整个教育体系的基石与灵魂，肩负着塑造学生高尚品格、树立正确价值观、培育积极人生观的重任。清华附中作为国内基础教育的先锋，始终将德育工作置于学校教育的核心位置，通过不断探索与创新，构建起一套独具特色、行之有效的德育理念与工作体系。

一、“做人、健体、为学”的全面育人德育观

在清华附中众多校友心中，“做人、健体、为学”6个字宛如一盏明灯，影响着他们的人生。学校将其确立为学生发展的核心理念，强调学生在思想道德的修养、健康体魄的塑造、知识学习的探索等多个维度的全面协调发展。

1. 厚植品德根基，培育时代君子

“做人”在清华附中的育人理念中占据着基石地位，是学生成长发展的根本。学校基于“厚德自强，做博雅君子”的理念，深挖“君子”这一传统文化概念的丰富内涵，以传承与弘扬中华优秀传统文化为使命，将“君子文化”融入现代教育实践，致力于培养具有高尚品德、人文情怀与社会担当的新时代青年。梁启超先生在清华大学的演讲中，将“君子”的内涵阐释为“自强不息”与“厚德载物”，这与新时代对“培养担当民族复兴大业的时代新人”的要求高度契合。

清华附中将“做人”的理念提炼为“崇德修学，勉为真君子”，凸显品德修养在学生成长过程中的首要地位。

“崇德”要求学生不仅要遵守基本的道德规范，更要追求道德的崇高境界，培养仁爱之心、正义之感、诚信之德、友善之情，在日常生活中以道德准则约束自己的言行，从小事做起，积善成德。“修学”则鼓励学生保持对知识的渴望与追求，勤奋学习、广泛涉猎，不仅要掌握扎实的学科知识，还要注重培养自主学习能力、创新思维能力及批判性思维能力，提升学识素养。只有将“崇德”与“修学”有机结合，才能达到“勉为真君子”的目标，成长为德才兼备的全面发展的人才。这一理念不仅强调立德为先、品学兼优，更蕴含了对青年一代的殷切期望——希望他们日后能“出膺大任，足以挽既倒之狂澜，作中流之砥柱”。

2. 强健筋骨体魄，塑造坚韧身心

“健体”源于清华大学“为祖国健康工作五十年”的号召，是清华附中全面育人观的重要组成部分，体现了学校对学生身心健康发展的深切关怀与长远考量。这既是对个人发展负责，更是着眼于国家未来的使命担当。清华附中在体育方面，始终坚持“健康第一”的指导思想，强调体育不仅是增强学生体质的手段，更是培养学生意志品质、团队合作精神、竞争意识和抗挫折能力的重要途径。

在新的发展时期，学校进一步拓展关注范围，既高度重视学生的身体健康，更将心理健康纳入重点关注的范畴。通过加强“心”育，以尊重唤醒学生的自尊心，以理解唤醒学生的包容心，以行动唤醒学生的仁爱心，以志向唤醒学生的进取心，力求让强健的体魄与饱满的心灵相互促进，为学生全面成长提供坚实的支撑。

3. 为学多元发展，开启智慧人生

“为学”是清华附中全面育人观的关键路径，旨在为学生提供多元化的学习机会和发展空间，激发学习兴趣和潜能，培养创新精神和实践能力，让学生在知识的海洋里畅游，开启智慧人生的大门。

清华附中深知每个学生都是独一无二的个体，具有不同的兴趣爱好、天赋潜能和学习方式。“为学”意味着每一位学生都能在校园里找到契合自身特点的成长路径。学校搭建起涵盖生涯规划、美育熏陶、综合实践活动等领域的广阔平台，助力学生绽放光彩。学校以音乐和美术教育为切入点，将美育全方位融入学生的成长过程，鼓励学生感受美、欣赏美、追求美，让美育“为优雅人生奠基”。学校大力发展科技教育，鼓励学生参与项目式学习和创客教育课程；支持学生参加各类公益项目和社团活动，举办研学实践活动，鼓励学生在生涯探索活动中认识自我、发展自我、超越自我，以最适合自己的方式成长。

整体而言，清华附中秉承“做人、健体、为学”的全面育人观，以“做人”为根本，为学生的成长奠定坚实的品德基础；以“健体”为保障，促进学生的身心健康；以“为学”为路径，开启学生的智慧人生。这一育人观将品德教育、体育教育和智育教育有机融合，相互促进，形成一个完整的育人体系，为学生的全面发展提供了有力支持。在其引领下，清华附中培养出一批又一批品德高尚、体魄强健、学识渊博、具有创新精神和实践能力的优秀人才，为社会的发展和进步作出了积极贡献。

二、多管齐下聚焦“做人”，崇德修学勉为真君子

明确了全面育人观后，清华附中聚焦于“做人”这一育人根本，全力探索切实可行的培育路径，期望学子厚植品德根基，成长为时代所需的君子。“做人”在学生发展理念中占据核心地位，它不仅关乎学生品德修养的塑造，更是学校为国家和社会培育具有高尚品德、强烈社会责任感及创新能力的时代新人的核心目标。这一理念深刻影响着学校对“培养什么样的人”的理解与判断，在“用什么样的方式培养人”的实践过程中发挥着引领作用。

1. 整体设计“君子文化”的阶梯性方案

2024 年 12 月，一场令人热血沸腾的大型音乐诗话剧《我愿以身许国》的青春版在清华附中首演成功。全剧生动地再现了邓稼先、钱三强等“两弹一星”科学家筚路蓝缕、艰苦奋斗的伟大历程，为学校塑造“家国君子”文化添砖加瓦，成为校园一道亮丽的文化风景。

清华附中以“君子文化”为核心，立足于学生身心成长的规律及不同学段的特点，构建了阶梯式育人方案。从

知、情、行、意 4 个方面确定不同年级的德育目标，形成了纵向贯通、一脉相承的整体育人体系。

班级自治唤醒自主意识

中国文化强调“为己之学”，君子品格的培育重在将自律自治作为出发点。清华附中的班级自治星级评定制度就是为了唤醒学生的自治意识、培养学生的自治能力而制定的。目前，全校超半数班级通过评审成为星级自治班级，21 个班级被评为“五星自治班级”。其中，清华附中正高级教师、优秀班主任潘艳荔老师曾带领初 2109 班班委会将争创“五星自治班级”作为 3 年长期目标，创造性地把目标细化为每学年、每学期的具体任务。通过明确的规划目标，同学们有了共同努力的方向，班级氛围显著提升，各项活动的参与率和表现度在学部中迅速提升。

志愿服务从自律到奉献

在做好自治的基础上，学校又推出了“水木行动”计划。该活动以“让附中的美丽与我有关”为行动理念，是一项学生参与学校日常管理和服务工作、维持学校教育教学秩序，为学校建言献策，进而服务社会的志愿活动。“水木行动”计划实施以来，全校已经有 2/3 以上的班级参加过“水木行动”，共有 18 个班级成为“志愿服务五星班级”。学生在为学校服务的过程中，体会到学校管理、后勤服务和活动组织的不易，从自律自治迈向服务奉献，真正做到内修外联，在行动中“勉为真君子”，做“有文化的附中人”。北京市骨干班主任尹丽娜老师带领学生参与不同领域的志愿服务活动，鼓励学生从自身做起，从关注班级环境到校园环境、国家环境，从学习经验分享交流到帮助留守儿童学习，从身边小事到国家文物保护。学生在志愿服务中收获快乐，感受到责任，实现思想道德的升华。

2. 初中德育课程注重“养成”

初中阶段是学生品德形成的关键时期，学校根据初中学生每个年龄段和学段的特点，设计了丰富且针对性强的德育活动，助力学生逐步养成“知行君子”“诚信君子”“智勇君子”的三大成长目标。

初一的“知行君子”课程：侧重调和自我认知与言行之间的矛盾，帮助学生建立自我与自然、世界、他人等多方面的关系。通过入学教育课程、学长讲座、校规校纪学习、国防教育讲座等一系列爱班级、爱学校、爱祖国的教育课程，培养学生好奇探索、积极参与的品质和能力。

初二的“诚信君子”课程：聚焦引导学生完善自身的道德，主动追求以诚信为立身之本，以负责为道德信念。通过诚信主题班会、祭奠英烈等形式，帮助学生理解诚信的价值，树立健康正确的道德观念，主动承担家庭、集体层面的责任。

初三的“智勇君子”课程：旨在帮助学生更理性勇敢地面对挑战，形成正确的自我认知，学会多维度地评价自己、肯定自己，学会关心国家大事，积极关注国内外动态，尝试运用科学的方法解决实际问题。

3. 高中德育课程注重“器识”

初中阶段为学生的品德养成筑牢根基，随着认知能力与社会责任感的逐步增强，学生会在高中阶段迎来更具深度与广度的“器识”培育，引导学生从关注自身发展到胸怀家国天下，开启人生新征程。清华附中将高中阶段的德育课程设计为“博雅”“家国”“弘毅”3个层次分明、循序渐进的体系，精准对接学生不同阶段的身心发展需求，为学生的终身发展注入动力，彰显了学校“时代为志，育人为本，行动为要”的办学理念。

高一的“博雅君子”课程：旨在拓宽学生视野，培养高雅情操。学校通过军训、纪念“一二·九”运动革命历史短剧展演等活动，引导学生广泛涉猎多学科知识，培养跨学科学习能力和创新思维。同时，通过艺术教育，提升学生的审美情趣，使其从内而外散发出优雅气质。

高二的“家国君子”课程：重在培养学生的家国情怀和社会责任感。学校通过“微公益，梦起航”支教活动和学生诗话剧展演《我愿以身许国》，引领学生通过实际行动奉献社会、回馈家国，在实践中培养自身的解决问题能力与社会责任感。

高三的“弘毅君子”课程：着眼于学生的使命担当。学校通过“高三启动仪式”“成人仪式”等活动，引导学生在重要的成长节点上对世界、人生和自我形成较清晰的认识和深入的思考，并对自己的未来作出负责任的选择。

4. 理想铸魂，大中小学一体化思政教育

学校纪念“一二·九”运动革命历史短剧展演已历经14载，是高一年级的年度大戏，也是历届同学印象最深刻的思政活动，是思政教育与戏剧教育完美结合的实践。“给别人一个梦想，给自己一份成长”的学生支教助学活动已经开展了11年，附中同学走进乡村县城学校，在实践中感悟社会责任，培养家国情怀……

在新时代，思政教育面临新形势、新任务，学校必须有新气象、新作为。清华附中坚持以习近平新时代中国特色社会主义思想为指导，全面贯彻党的教育方针，落实立德树人的根本任务，深入推进大中小学思政教育一体化建设。

深化课堂思政建设，打造“金课”，推进学科协同育人。在课堂教学主阵地，清华附中的思政教师们努力打造了兼具思想高度、理论深度、情感温度、知识广度与层次梯度的思政“金课”。同时，学校推动各学科教师携手合作，充分发挥学科德育的独特作用。如开展《邓稼先》（语文 + 思政）、《共筑生命家园》（化学 + 思政）等“双师”融合课堂的教学模式，将思政教育巧妙融入各学科的教学之中，实现知识传授与价值引领的有机统一，让学生在学习学科知识的过程中，潜移默化地接受思政教育，培养正确的价值观与社会责任感。

拓展课外思政教育格局，开展多元活动。在课堂之外，清华附中以“大思政课”理念为引领，积极拓展思政教育的空间与形式。将思政小课堂与社会大课堂紧密结合，通过组织丰富多彩的课外实践活动，让学生走出校园，深入了解国情民情。除了纪念“一二·九”运动革命历史短剧和支教助学等品牌思政活动，学校还同步开展了一些创新性、专题性的思政活动。如“同播石榴籽，共筑中国梦”活动，组织清华大学、清华附中学子与甘肃各族青少年手拉手，共同在附中同升一面旗、同唱一首歌、同诵一首诗、同上一堂思政课，有效培养了学生们的中华民族共同体意识；“国旗红映赤子心”活动安排了清华大学与清华附中国旗班的同学们一同走进军营，参加升旗仪式并和官兵们交流，激发学生的爱国热情与国防意识；“老少接力讲”活动邀请清华大学关心下一代工作委员会大学精神文化讲师团、清华大学博士生讲师团与清华附中的同学们进行接力宣讲，共同探讨科技强国等重要话题，拓宽学生视野，激发创新思维与奋斗精神。

5. 务实求真、五育融合的劳动教育

清华附中自建校起，便秉持“德智体美劳全面发展”的教育理念，将劳动教育贯穿学生的学习与成长过程。早在 20 世纪 50 年代，学校就开设了劳动课程，鼓励学生走出课堂，参与农田劳作，培养吃苦耐劳的精神。随着时代的发展，学校劳动教育的形式和内容不断丰富创新，逐渐形成了以学农劳动为核心、涵盖多种劳动形式的教育体系。近年来，学校更是将劳动教育与现代科技、社会实践相结合，打造了独具特色的劳动教育课程。

学校通过开设劳动课程、组织劳动实践活动、开展劳动竞赛等形式，引导学生在劳动中磨炼意志、培养团队合作精神。同时，学校还将劳动教育与学科教学相结合，通过项目式学习，让学生在实践中提升综合素养。学生们走进北京农机试验站，参与磨豆腐、糊油纸伞、挖花生等活动；前往三元农业科技园，进行割稻穗、采摘蔬菜水果、摸鱼等实践……在一场场别开生面的劳动教育社会实践活动中，学生们通过亲身体验农耕文化，感受劳动带来的快乐，领略其中蕴含的中国智慧。

学校还通过鼓励学生积极从事家务劳动，养成“自己的事情自己干”的良好习惯；校园劳动帮助学生认识到“附中的美丽与我有关”；生产劳动则让学生意识到每一位诚实的劳动者都应得到尊重；公益活动让学生体会“他人因为我的存在而感到幸福”；创新劳动激发学生的创新意识，通过提升信息时代的劳动素养，树立科技强国的梦想。

阶梯式劳动教育体系全面培养了学生的劳动素养，让学生在实践中成长，感悟生活真谛。

三、全方位落实“健体”，为祖国健康工作五十年

品德修养的塑造是学生成长的基石，而拥有健康的身心则是学生实现全面发展的保障。清华附中在德育工作稳步推进的同时，高度重视“健体”教育，致力于培养兼具强健体魄与坚韧内心的新时代青年。

1. 传承“无体育，不清华”精神

清华附中传承清华大学“无体育，不清华”的传统，将体育教育作为学生全面发展的重要组成部分。学校既注重学生的体育技能培养，又通过体育活动培养学生的团队合作精神、竞争意识和坚韧毅力。学校开设了篮球、足球、排球、田径等丰富的体育课程和课外体育活动，满足学生的多样化需求。学校还通过举办运动会、体育节等活动，营造浓厚的体育氛围，激发学生的体育兴趣。

长期以来，清华附中致力于提供个性而全面的体育教育，针对不同学生群体设计了多样化的体育方案。学校通过课间操、晨跑等每日固定的体育锻炼时间，引导全体学生养成良好的强身健体运动习惯，让运动融入生活。针对

体育兴趣浓厚的学生，学校给予充分的活动支持，组织各类体育社团、兴趣小组，配备专业教练指导，帮助他们在坚持参与体育活动的过程中，锻造强大的身心韧性，学会在面对困难时坚持不懈。对于那些在体育方面具有特长的学生，学校依托丰富的社团资源，如田径队、篮球队、足球队等专业社团，为其量身定制培养方案，挖掘潜能，让他们提升运动特长，向更高水平迈进。

这些精心设计的体育方案在校园中得到了生动的实践，诸多特色体育活动精彩纷呈。以跑步这一基础运动项目为例，清华附中实施了“全体跑”计划，在每天上下午的大课间，全校学生共同参与跑操活动。在整齐的步伐与响亮的口号声中，倡导“乐动青春，悦享人生”的理念，不仅锻炼了学生的身体，更培养了集体荣誉感与团队凝聚力。同时，针对有跑步兴趣的同学，学校还组织“特色跑”活动，如圆明园长跑、寒暑假里程挑战赛、秋季田径运动会和春季趣味运动会等，鼓励学生挑战自我、共享荣耀，收获成长。另外，学校还组建亲子跑团，开展“亲子跑”活动。2025 年早春，清华附中相伴跑团“二月二龙抬头创意跑”活动吸引了近 300 名附中学子与家长参加。家长与孩子奔跑在清华园内，在锻炼身体的同时，增进了亲子间的情感交流，生动诠释了家校共育的温情与力量。

丰富多样的体育活动不仅在日常锻炼与兴趣培养中发挥着重要作用，更使清华附中在人才输送方面成果斐然。截至 2024 年，以田径、篮球、足球等运动专项为特色的清华附中马约翰体育特长班已为清华大学、北京大学等高等院校输送了近千名优秀的学生运动员，培养了 11 名国际级运动健将、44 名运动健将、429 名一级运动员，也为国家队输送了大批专业体育人才。

2. 构建全方位的心理健康工作体系

清华附中秉持着“体魄与人格并重”的育人理念，致力于培养具有“强健体魄”和“丰盈内心”的新时代青年。学校心理办公室成立于 1998 年，经过多年的持续发展与沉淀，如今已成为学校心理健康教育的核心力量，发挥着不可替代的作用。

学校坚持系统、积极的工作理念，构建起全方位、多层次的“九宫格”心理工作体系。该体系如同一张紧密交织的大网，全面覆盖学生、教师、家长等各个群体，提供全时段、全方位的贴心服务。在面向学生的心理健康教育工作中，学校通过开设心理成长课、心理主题班会、年级心理讲座、全校或年级心理活动等形式，引导学生塑造积极乐观的心态，挖掘学生潜藏的心理能量。

在整个心理健康教育体系中，班主任作为学生日常学习与生活中接触最为频繁的教育工作者，在学生心理健康教育中的作用至关重要。为此，学校特别注重强化班主任在心理工作方面的能力培养，定期组织班主任参加团体辅导培训活动，借助专业的心理辅导手段与案例分析，提升班主任对学生心理状态的敏锐洞察力，使其能够及时察觉学生在学习与生活中出现的心理波动，并给予精准、有效的支持与引导。通过强化班主任的心理工作能力，学校成功构建起了心理健康教育的第一道坚实防线。

为给学生提供更专业、精准的心理支持，学校还配备了一支专业素养极高的心理辅导与生涯指导教师团队。团队设有 7 位专职心理辅导教师，他们均具备扎实的心理学专业知识和丰富的心理咨询实践经验。学校还专门为心理工作团队打造了约 660 平方米的专属办公区，为学生提供专业、精准的心理支持。在这个私密、舒适的环境里，学生可以放下防备，与心理辅导教师坦诚交流，倾诉内心的困惑与烦恼，获取专业的心理疏导与建议，从而走出心理困境，实现心灵的成长与蜕变。

此外，学校深知心理健康教育需要整合各方资源。学校积极联动家庭、社会、医疗机构等，通过微信公众号、学生和家长心理社团、家长学校等方式构建起多方协同合作的工作网络，全方位提升学生、家长、教师的心理素质，为学生发展工作注入强劲动力。

四、拓展深化“为学”，助力学生个性成长

强健的体魄与坚韧的内心可以为学生的学习与成长提供坚实的保障。丰富多元的学习与实践，则是学生挖掘潜能、实现自我价值的关键途径。清华附中在抓好“健体”教育的同时，全力推动“为学”领域的拓展与深化，助力学生找到最适合自己的成长方式。“为学”不仅是知识的学习和积累，更是学生实现个性发展、创新能力培养和综合素质提升的重要途径。学校坚持因材施教的教育原则，尊重学生的兴趣和特长，从美育、生涯教育、综合实践活动、传统文化教育等方面精准发力，鼓励学生在丰富多样的实践探索中发现自我、发展自我，最终实现个性化的成长目标。

1. 美育教育润心启智，为优雅人生奠基

清华附中秉持“丰盈内心，创生智慧”的美育理念，自觉贯彻落实《教育部关于全面实施学校美育浸润行动的通知》相关要求。学校以社会主义核心价值观为引领，弘扬中华美育精神，坚定文化自信，以“浸润式”美育作为核心和主要路径，全方位、深层次地将美育融入教育教学活动的各环节。学校以金帆民乐团为引领，以培育学生的民族自尊、

民族自强和民族自信为前提，以启发创新思维、提高创新能力为导向，构建起科学完备的美育体系，并将美育全面纳入学校人才培养的全过程，切实做到“为优雅人生奠基”。

在艺术教学和艺术实践中，学校坚持普及与提高并重。一方面，坚持美育教育面向全体学生，全面开设各类丰富多元的艺术课程，满足不同学生对艺术学习的多样化需求；另一方面，积极开展“四团两社”及社团协会活动，为学生提供广阔的艺术实践与展示平台，帮助学生掌握1～2项艺术特长。各类艺术活动广泛覆盖全校各年级，学生参与度达100%，极大地活跃了校园艺术氛围，提升了学生的艺术素养。不仅如此，学校还积极采取多种形式扩大对外文化交流与合作，通过组织学生参与国际艺术交流活动，充分展示中华优秀传统文化的魅力，也拓展了学生的国际视野，增强了文化自信，让学生在多元文化的交流碰撞中进一步提升艺术感知与创作能力。

2. 生涯教育激活内驱力，为成长之路导航

美育为学生的心灵注入美的滋养，开启智慧之门，而明确的人生方向则是学生将所学、所悟转化为实际行动的指引。清华附中在完成美育的熏陶后，顺势开展生涯教育，致力于激活学生自我发展的内驱力，为其成长之路指明方向。

在教学模式上，学校生涯教育采用小班额、知识型团体的教学模式，以科学的生涯理论开展教学活动。这种模式为学生营造了更具针对性与互动性的学习环境，使他们能够深化自我探索、拓展对具体职业领域的了解、学习科学的理性决策方法，极大地提高了学生参与生涯教育的积极性与主动性。

学校通过生涯社团开展了一系列特色鲜明的活动。例如，采用家校社协同合作的模式，丰富课程内容与形式，组织学生认识家庭成员的职业、开展生涯测评等活动，引导他们从兴趣爱好、能力特长、性格特点、价值观取向等维度探索自我，为未来的职业选择与人生规划奠定基础。与此同时，学校还定期邀请各领域专家学者走进校园举办讲座与交流活动。例如，“人文日新讲堂”主要邀请人文学者提升学生的人文素养与文化底蕴；“水木讲堂·对话大家”则邀请科技、理工类高校学者分享前沿科学研究成果与学术动态；“生涯规划·行家开讲”邀请社会各领域行业专家和优秀大学生分享他们的职业发展经验与成长故事……多元化的讲座内容，使学生能够接触到广泛而丰富的知识和信息，深入了解不同领域的行业需求，极大地拓宽了学生的视野。

此外，学校还安排学长学姐在学期结束、志愿填报等关键时间点进校园，通过公众号约稿等方式分享经验心得，这种朋辈互助交流的模式，能使学生从身边的榜样中汲取力量，找到适合自己的发展路径，增强对未来的信心，进一步激发学生自我发展的内驱力。

同时，各学部由经验丰富的一线教师担任成长顾问，为学生提供学科指导、学习方法建议及未来规划，帮助学生及时解决学习与发展中遇到的困惑与问题，让学生在专业的指导下明确前进的方向，持续激发努力进取的内驱力，在生涯探索的道路上稳步前行。

3. 综合实践搭梯筑路，在真实世界里历练

在全力塑造学生品德修养与强健身心的同时，清华附中同样重视学生实践能力与创新精神的培育。综合实践活

动作为关键的一环，肩负着拓宽学生视野的重任，是实现全面育人目标不可或缺的重要途径。

学校注重通过综合实践活动拓宽学生的视野，培养学生的实践能力和创新精神。在寒暑假的综合实践周中，组织学生开展不同线路的“行走的课堂”活动。在国内，学生们走进社会的各个角落，亲身感受祖国的壮丽山河和深厚的文化底蕴。他们在重庆聆听巴山夜雨，瞻仰渝水红岩；前往徽州欣赏“画里乡村”，攀登黄山高峰；奔赴山东行吟齐鲁大地，弘扬儒家风范；走进广西品味诗意山水，探访壮乡风情；驻足河南辨识甲骨殷墟，歌颂红旗渠精神……通过这些活动，学生们将书本上的知识与现实世界紧密联系起来，在实践中深化对知识的理解与感悟。

在国际交流方面，学校积极组织学生走出国门，参与国际文化交流活动。他们前往英国探索英伦风情，在古典与流行间感受音韵之美，并与当地学子建立真挚的友谊；到意大利和西班牙触摸艺术史上璀璨的明珠，在古罗马建筑群漫步，在梵蒂冈博物馆、圣彼得大教堂、佛罗伦萨美术学院美术馆里徜徉；去往日本学习动漫绘画和制作技巧，参观东京大学和早稻田大学，并与粉河中学的同学开展交流学习……在与不同国家和地区的同龄人交流互动的过程中，学生们亲身体验多元文化的差异与魅力，提升跨文化交际的能力，培养全球视野。

在清华附中，海内外综合实践文化考察活动的组织与实施体现了系统性、科学性和教育性的深度融合。活动以“教师引领，学生自主，社会协同”为基本原则，从课程理念的确立到方案的制订，从考察路线的自主选择到课程资源的整合开发，从行前培训的专题讲座到实践环节的具体实施，再到科学的课程评价与反馈机制的持续优化，形成了一个动态发展的教育闭环。

这一闭环体系的设计充分体现了以学生发展为中心的教育理念：通过路线自主选择培养学生的决策能力，通过团队协作强化互助精神，通过实地考察深化体验认知，通过课题研究提升探究能力，通过文化鉴赏培育审美情趣。而教师在活动中扮演引导者和支持者的角色，社会资源则为课程的实施提供有力支撑，三者协同构建了立体化的育人格局。

4. 融入传统文化，弘扬民族精神

“源浚者流长，根深者叶茂。”中华文明绵延数千年，形成了独特而丰富的价值体系，已经成为中华民族的基因，深深植根在每一个中国人的内心深处。清华附中深刻认识到中华优秀传统文化的重要价值，通过开展丰富多样的传统文化教育活动，传承与弘扬中华优秀传统文化和民族精神，让这珍贵的基因在新时代焕发出新的活力。

在传统节日、节气里，清华附中师生通过丰富多彩活动，传承中华优秀传统文化，推动中华文化创新发展，增强文化自信。每年清明节，各班精心组织班会活动，开展“清明祭英烈，共铸中华魂”“缅怀革命先烈，不忘英雄赞歌”等主题活动。学生们来到烈士墓碑前，寄托哀思，缅怀英烈，深刻体会他们为国家和民族所作出的巨大牺牲，从而更加珍惜今天来之不易的幸福生活。

端午期间，校园里粽叶飘香，学生们通过探究端午节的起源和文化内涵，亲手包粽子、做香包，感受传统文化与手工艺的独特魅力；在品味端午诗词的过程中，学生们能体会到古人在诗词中蕴含的家国情怀，进一步增强对民族文化的认同感与自豪感。

中秋佳节期间，学校举办的“青春家国梦，明月鉴此

心”中秋诗会精彩纷呈。同学们通过诗朗诵、戏曲表演、民乐演奏、舞蹈展示及歌曲演唱等节目，在明月的映照下，共同抒发对家国的热爱与美好祝愿。通过这些活动，学生们不仅传承了中秋佳节团圆、和睦的文化内涵，更在艺术表演中提升了自身的文化素养与审美能力。

春节期间，清华附中的师生和家长还会积极踊跃地参与“春节春联创作与书写大赛”。通过楹联对句、亲子共同书写等形式，用对联这一独特的艺术形式，生动地勾勒出清华附中人的精神风貌，展现了附中人对传统文化的热爱与传承。同时，这一活动也增进了亲子之间的情感交流，营造了浓厚的节日氛围。

清华附中借由系列传统文化教育活动，在学生心间播撒下文化传承的种子。他们在传承中汲取养分，在创新中担当使命，不仅成为中华优秀传统文化的传承者，更成长为传播者与创新者。

清华附中的德育实践犹如一泓清泉，既传承着中华文明的精神血脉，又映照着新时代的教育曙光。当“自强不息”的奋斗精神与“厚德载物”的担当意识在新一代学子身上薪火相传，当传统文化的育人智慧与现代教育的创新实践交相辉映，这所百年名校也在为民族复兴培育着具有深层支撑力的精神力量。在这里，“君子文化”不再是抽象的概念，而是青年学子挺起的脊梁、眼里的光芒、脚下的担当。

未来，清华附中将持续创新德育模式，丰富其内涵。学校将深化“君子文化”教育，以传统文化滋养学生品德；强化德育实践，让学生在践行中提升道德修养。学校也期望培育出更多德才兼备的学生，为社会输送优秀人才，为教育注入德育特有的动力，让德育之光点亮学生的成长之路，为中国梦筑牢人才根基。

五、学生自治：开启成长无限可能

文 / 学生发展中心　王鹏

清华附中将“做人”理念提炼为“崇德修学，勉为真君子”，凸显品德修养在学生成长过程中的首要地位。君子品格的培育重在以自律自治作为出发点。清华附中的班级自治星级评定制度就是为了唤醒学生的自治意识，培养自治能力而制定的。本文从一位教师的视角，生动地阐述了清华附中如何通过学生自治的一线实践，激发学生的参与感和责任心，最终推动班级建设，实现多方共赢的德育成果。

入职清华附中一年后，我有幸成为高中德育指导教师。初涉此职，我满脑子都是如何检查学生纪律、处理违纪学生的想法，觉得德育工作仿佛就是一场与学生的“纪律斗争”。然而，当时主管德育的白雪峰副校长的一番话彻底改变了我的想法。他只字未提严苛的纪律要求，而是着重强调了两件事：一是持续深入开展学生自治星级班级活动，二是同步推进“水木行动”，让学生在实践中成为学校的主人，让附中的美好与每个学生紧密相连。

这让我满心疑惑：学生真有那么高的自觉性？要是学生能自治，老师还有什么用？学生自治管理，会不会耽误学习？带着这些疑问，我忐忑地开启了德育指导教师的工作。

1. 教育的本质是唤醒

刚上岗的时候，我就碰上了一个棘手的班级。教室里杂乱无章，嘈杂喧闹，时不时还传来尖叫声。这个班级各项评比长期垫底，尽管我多次与班委和班主任沟通，却毫无成效。尤其是他们即将升入高三，又面临班主任更换，学生们更是肆意妄为，感觉任何努力都无法改变现状。每次走进教室，我都能强烈感受到学生们无形的抗拒，仿佛是一堵墙横亘在我和他们之间。

就在我几乎要放弃的时候，白校长找到了我和新接班的班主任。出乎意料的是，白校长并没有批评我们，而是建议让这个班级申请自治星级班级，并参与“水木行动”。我心里犯起了嘀咕，认为这个班级的纪律问题如此严重，大概率通不过申请。但白校长只是笑着说：“先让他们试试吧。教育的本质不是控制，而是唤醒。我们要相信，每个学生心中都有一颗向上的种子，只是需要合适的土壤和阳光。”

于是，班主任在班级里宣布了申请自治星级班级和参与“水木行动”的决定。不出所料，班级里怨声载道，学生们纷纷抱怨：“我们都高三了，哪有时间搞这些？”“这不是浪费时间吗？”但箭在弦上，不得不发。他们随即召开了主题班会。班主任引导大家确定自治承诺，制定班内监督管理办法。最终，他们正式向学生发展中心提交了自治星级班级申请书。

我半信半疑地接过申请书，上面涵盖了卫生、迟到、跑操和自习课纪律等方面的考核。看到这些，我不禁叹了口气，这些要求，很多班级在高一时就已经做到了。或许是因为我的叹息被他们察觉到了，或许是因为每个学生都在承诺书上郑重地签下了自己的名字，或许是出于集体荣誉感……接下来的一个月，这个班级的面貌竟然发生了显著变化。教室整洁了，迟到现象减少了，自习课的纪律明显改善了。

2. 成长的“危机”与契机

就在我以为一切都在朝着好的方向发展时，期中考试期间，这个班级有两名学生因为考试作弊被抓。我对他们进行批评教育后，他们不约而同地问我：“我们班的自治星级班级申请是不是通不过了？”我正准备给出肯定的答复，班主任突然给我使了一个眼色。我低头看了一眼手机，班主任发来信息说：“这两个孩子能考虑到班级荣誉，已经有很大改变了。希望能给班级和他们一个机会，毕竟教育是一个漫长的过程，不是一蹴而就的。”

正当我权衡再三之时，突然想起白校长曾希望他们班取得自治星级班级后尽快申请参与“水木行动”。于是，我灵机一动，对班主任和两名学生说：“如果你们班能把‘水木行动’做好，那么星级班级的申请可以通过。”那一刻，我看到两名学生的眼中闪过一丝光芒，那是被信任和期待点燃的希望。

之后，这个班级迅速制订“水木行动”计划并付诸实施。每天早上，他们站在教室门口热情地迎接师生，还为大家送上每日励志小卡片。午休时，他们兵分三路：一路清扫校园，一路维持食堂秩序，一路去图书馆整理图书。在这个过程中，他们发现校园里有许多废弃的纸张，觉得丢弃可惜，便主动回收废纸，装订成草稿本分发到各班。一时间，整个校园里都有他们忙碌的身影。他们的行动不仅让校园变得更加美丽，也感染了其他班级的学生，大家纷纷加入到“水木行动”中来。

3. 静待花开莫心急

我原本担心他们的学习会因此受到影响，可没想到，他们的成绩非但没有下滑，反而越来越好。班主任告诉我，学生们在参与“水木行动”的过程中，学会了时间管理，懂得了责任与担当，更重要的是，他们找到了学习的意义——不是为了应付考试，而是为了成为更好的自己。这一切让我这个德育新手深感意外。

为他们班颁发自治星级班级荣誉证书时，白校长站在我身旁，语重心长地说道：“做德育工作千万不能心急，也不要提前预设结果。我们要做的就是为学生们搭建好平台，让他们在这个曲折的过程中发现真正的自我，找到自我与外界的联系。只有这样，他们才能从内心发生改变。教育的本质，不是灌输，而是点燃；不是塑造，而是唤醒。”

年轻的我忍不住反问道：“万一他们在这个过程中没有改变呢？”白校长微微一笑，说了一句让我终生难忘的话：“我们的德育工作是让每个学生都找到最适合自己的方式成长。如果他们没有改变，我们得问问自己，是否真的用心去感受了他们的需要。教育是一场静待花开的旅程，每一朵花都有自己的花期，我们要做的，就是给予他们足够的阳光、雨露和耐心。”

那一刻，我恍然大悟。学生自治星级班级看似简单，实则是为学生搭建一个自我成长的平台。在这个过程中，我们老师要做的，就是用心感受学生，为他们把控方向，让他们凝聚一心，追寻内心的成长。德育工作与治病一样，优秀的医生“治未病”，而自治星级班级正是那剂“治未病”的良药。

教育的真谛，不在于纠正错误，而在于激发潜能；不在于约束行为，而在于唤醒心灵。每一个学生都是一颗独特的种子，只要我们用心浇灌，他们终将在属于自己的季节里绽放出美丽的花朵。

六、学农实践，静待芳华

文 / 学生发展中心　李冰清

清华附中自建校起，便坚守全面育人的教育理念，劳动教育始终是学校教育教学的重要组成部分。早在 20 世纪 50 年代，学校就开设了劳动课程，鼓励学生参与农田劳作，这是附中“学农”之始。随着时代变迁，附中的劳动教育与时俱进，与国家政策、现代科技及社会实践深度融合，构建起具有时代与附中特色的阶梯式劳动教育体系。该体系涵盖家务劳动、校园劳动、生产劳动、公益劳动和创新劳动等领域，其中的生产劳动倡导“让每一位诚实劳动者得到应有的尊重”。在此目标基础上，学校设计并实施了一日“学农”社会实践、全年“学农”社会实践课程等农业生产类活动，堪称清华附中新时代“学农”教育的传承和创新。

1. 育人为本，内容丰富

全年学农“劳动 + 教育”课程（以下简称“学农课程”）由清华附中学生发展中心牵头设计与指导，以“五育并举”和国家政策为背景，在深入分析《义务教育劳动课程标准（2022年版）》（以下简称《劳动新课标》）、调研学生学情、盘活家校社资源的基础上，厘清课程目标、构建课程框架、细化课程项目。课程旨在帮助学生提升劳动意识、丰富劳动体验，发挥引领作用、深化育人价值、促进实践内化。

该课程贯穿初一至初二整个学年，由年级组组织，学生自愿报名参加。利用周末时间，学生走入田间地头，学习并实践做畦、播种、育苗、插秧、采摘等劳动技能，体验非遗等劳动文化与中国农业发展历史，在实践中成长。

全年学农课程内容

课程期数	课 程 内 容
第一期	学习开荒做畦、亲子劳动
第二期	学习播种、制作非物质文化遗产——火绘葫芦
第三期	各中队下农田插秧、抓小龙虾、古法砻米、参观现代化大米生产线
第四期	除草搭架、自制辣椒酱
第五期	采摘茎叶类蔬菜、除草、搭秧
第六期	采摘瓜果类蔬菜、参观中国农业博物馆
第七期	采摘叶类蔬菜、制作植物拓染帆布袋
第八期	采摘谷物类作物、脱粒、晒秋

在设计和实施课程时，遵循课程目标育人化、课程内容立体化、课程任务真实化、课程评价多样化四大原则。

檀传宝在《加强和改进劳动教育是当务之急》中指出，要让青少年充分认识到劳动对于社会发展和人生进步的重要意义，以热爱劳动为荣、以不劳而获为耻，尊重努力劳动、贡献社会的不同阶层的劳动者，愿意以自己的体力和脑力劳动建设祖国、贡献社会、服务人民。

因此，劳动课程研发不仅要关注劳动知识和劳动技能的传授，更要注重劳动价值的引领和劳动精神的培育。例如，我们曾指导学生用亲自采摘的玉米等五谷杂粮，拼出国旗、党徽等图形，让学生在体验传统农耕文化的同时，培养爱国爱党情怀。

第二次世界大战以后，许多国家将劳动纳入学校课程和教育教学活动之中，创造出多种劳动教育模式。这些模式可以分为两大类：其一，重视劳动教育与经济、生产、职业的联系，单独开设劳动教育课程；其二，侧重劳动教育具有的人格陶冶功能，将其融入学校的各项教育教学活动之中。

清华附中在借鉴这些模式的基础上，结合国情与学情，基于信息化教育环境，将数字化学习资源、网络空间与传统课堂和活动有机融合，协同各方资源，打造立体化课程内容。全年学农课程的内容丰富多样，除了耕种，还涵盖对中国农业发展和农业文化的学习体验，全方位、多场景给予学生劳动体验。

2. 任务真实，评价多样

“劳动新课标”指出，劳动教育课程要立足学生真实生活经历，将劳动教育与学生个人生活、校园生活和社会生活有机结合，丰富劳动实践体验，深化对劳动价值的理解。

课程开发者一方面从现实劳动场景中的需求出发创设情境，另一方面从实际生产生活的问题出发，指导学生明确劳动任务。例如，金秋十月瓜果丰收时，学生的蔬菜基地面临蔬菜过剩的情况。经过与学农中队长讨论、向指导老师咨询，各中队有序组织分发采摘蔬菜，学生再将其带回家亲自烹饪并分享，还向学校食堂和全校教职工赠送蔬菜，并通过制作辣椒酱、进行晒秋等方式，避免粮食、蔬菜的浪费，与亲友共享劳动成果。

劳动新课标指出，劳动课程应注重让学生体验劳动的过程，对学生的劳动成果给予适当的评价，从而引导学生理解劳动实践的价值与意义，养成反思交流的习惯。课程开发者可以组织学生开展讨论、演讲、成果展示、总结表彰等活动，也可以通过讲述劳动故事、撰写劳动日志、制作劳动微视频等方式进行反思交流。

学校为学生印制了学农手册，设计了学农劳动观察笔记，引导学生观察、记录、表达，使劳动体验可视化，帮助学生深入理解和思考劳动过程与劳动价值。学生们在上过“学农课程”后纷纷写下笔记，分享初次接触农田劳作的感受与成长。

从最初的开垦做畦到除草搭架，他们不仅掌握了劳动技能，也感受到了劳动的意义。有学生感慨：“没想到平整土地也有这么多讲究，要刨三遍土、垒三遍畦、再踩三遍畦。”“原来花生的种子比较大，要和土掺在一起再种下去，真期待收获的那一刻。”有学生表示：“我学会了开沟，每两条田埂之间开 4 条沟，就可以在沟里播种了。”“虽然冬瓜数量不多，但每个找到冬瓜的同学都非常兴奋，像是收获了宝物。”

在劳动中，他们还培养了耐心、毅力和团队合作精神，并在笔记中表达了合作与收获的喜悦：“大家迅速分工，两个同学牵线量长短，三个同学挖畦，剩下的同学负责踩垄。”“因为我们蓝一小队提前干完了农活儿，所以队员们就在田间地头幕天席地而坐，分享了自己带来的午餐。”

此外，还有学生对助农等社会问题有了自己的思考："最紧要的问题是农民如何处理多余的农作物。对于这个问题，我有两点想法。一是建立蔬菜基地，用于存储农作物。二是在各类网站中送出免费的农作物礼包，吸引各类顾客，为农民们找到销路。"

劳动教育不仅是学生成长的重要一环，更是他们未来走向社会的坚实基础。正如学生在学农日记中所写："劳动的快乐让我忘记了疲惫，劳动的成果让我感到无比满足。"清华附中的劳动教育，正是通过这样的实践，让学生在劳动中感悟生活，在劳动中成长，绽放出属于自己的芳华。

七、河南省唐河县东王集乡王寨学校支教行

文 / 高 20 级学生　于小函

清华附中中学生支教团自 2014 年成立以来，每年都会组织清华附中及合作学校的师生投身支教事业。11 年间，百余名教师和近千名附中学子赴四川、陕西、内蒙古、河北、山西、河南等地，开展了丰富多彩的支教助学活动。“给别人一个梦想，给自己一份成长。”支教于附中学子而言，是一段充满温度与厚度的学习旅程。本文作者为学生支教团的一名“小先生”，她记录了自己通过参与这一活动，为有需要的人送去温暖、知识与快乐的心路历程。

在教育资源分配不均的现实情况下，大多数人参加支教的初心是一致的：期望淳朴且渴求知识的孩子能因自己的到来获得切实的帮助，同时实现自我心灵的富足。高一那年，清华附中“微公益·梦启航”支教项目给了我开启这场心灵远航的机会。

1. 云端授课，情牵两地

2021 年年初的寒假，在校团委和教育基金会的组织下，应河南省唐河县东王集乡王寨学校的实际需求，我们高 2011 班学生为该校的小学生提供了多次线上的英语支教。

此次线上支教以小组为单位，全班共同参与。正式连线前，我们反复沟通、精心备课、多次演练，力求完善课程架构，找到最适合孩子们的教学方法。我们希望让孩子们感受到学英语不只是死记硬背单词和语法。为此，我们绞尽脑汁，期望通过课程设计激发他们的想象力和创造力。线上支教期间，大家都付出了诸多努力。

后来，得知王寨学校的孩子们在市里考试中英语成绩有所提升，我们激动不已。看着屏幕那头孩子们的笑容，我满心期待能在线下与他们相见。令人惊喜的是，这年暑假，由我们班 6 名同学和班主任宋兆爽老师组成的暑期支教河南支队正式成立，我有幸随队前往王寨小学开展线下支教。

到达王寨学校后，我们发现实际情况比想象的艰难得多。学校规模很小，只有一座教学楼，六间教室，全校仅有一台空调。没有操场，院子地面凹凸不平，中央矗立着旗杆与五星红旗。河南夏季酷热，学校没有洗澡的条件，校长只能带我们去周边的村民家洗澡。虽然条件艰苦，但是校长、村民和孩子们的热情深深打动了我们。

孩子们的情况也与我们的预期有所不同。一、二年级学生天真可爱，三年级学生相对内敛、表现拘束。如何高效地授课，成为萦绕在每一位支教团成员心头的难题。

2. 因材施教，点燃热情

出发前，我们准备了英语、数学、语文、地理、折纸、书法、绘画、音乐、体育等多门课程的授课方案。然而，第一天授课时我们就发现，部分课程对孩子们来说难度较大。于是，我们立即进行了调整。低年级的课程改为以折纸、书法、绘画等动手活动为主，最后一天还增设了造句游戏，鼓励孩子们发挥创造力。对于高年级，我们设置了小组竞赛、有奖问答等环节，激发他们的表达欲；安排“看世界”“艺术鉴赏”“数学思维”等启发类课程，拓宽他们的视野。此时，我们不再单纯追求传授多少知识，而是希望能够启发他们探索世界的兴趣。

在与我们熟悉之后，孩子们的表现远远超出了我们的预期。低年级的手工课效果显著，他们主动展示自己充满创意的作品，脸上洋溢着开心自信的笑容。令我印象最深刻的是七巧板制作课上，一个小男孩用七巧板拼出了一个机器人。孩童的创造力在我们的课堂上得以绽放，这让我们既惊喜又欣慰。高年级的地理课上，当我们将祖国的大好河山、人文风物介绍给他们时，孩子们的眼睛闪闪发光，并能随着我们的引导思考问题；艺术鉴赏课上，面对一幅幅名画，他们惊叹连连，兴奋地表达着自己的喜爱。对于我们来说，这便是支教最有成就感也是最有意义的时刻了。

户外活动是最欢乐的时光，我们在学校的小院子里准备了抢椅子、打鸭子、贴人等多个游戏。看着孩子们在简陋的场地上尽情奔跑呼喊、释放天性，我们也由衷地被这份快乐和纯真感染。离开前的最后一个上午，我们组织了一场小型的联欢会，歌声、笑声、掌声交织在一起，回荡在校园的每一个角落，为我们这段难忘的支教旅程画上了一个完美而有意义非凡的句号。

3. 支教回响，爱永传承

我们班的班训是“养浩然正气，存爱人之心”。整个支教活动在无形中不断地激发着我们的爱人之心。班长陈思齐后来在国旗下讲话时分享了支教对于同学们的意义，并引用了周国平的话:“正是被亲切爱抚着的无数往事使灵魂有了深度和广度，造就了一个丰满的灵魂。”高一结束后，我们班把高一启迪奖的奖金全部捐出，通过清华附中基金会购买图书捐给了乡村小学。

“给别人一个梦想，给自己一份成长。”这段爱与责任的旅程让我充分领悟到了清华附中校训中“厚德载物”4个字的内涵，也让我真切明白了教育的真谛：不在于文字与知识的灌溉，而在于对求知欲的启发、对视野的提升。我感恩这段支教经历，也感谢我的母校清华附中。未来，我愿在青春的道路上传递温暖，扬帆远航。

第四章

课堂改革

——打造“有生命力的课堂”

在百余年的发展历程中，清华附中始终站在教育改革的潮头，形成了鲜明的办学特色和优秀的办学传统。近年来，随着中高考改革的深入推进以及社会对人才需求的转变，清华附中再次勇挑重担，开启了以“提质增效”为重点的“课堂革命”。这场“革命”不仅是对传统教学模式的深刻变革，更是对新时代教育理念的全面践行，旨在以系统的改革措施打造“有生命力的课堂”，全面提升学生的学科素养和综合能力。

一、时代需要课堂革新

1. 改革背景及沿袭

在教育改革领域，清华附中一直走在前列，其过往的教学改革历程为“课堂革命”提供了坚实的根基。回溯到20世纪60年代，学校便提出“少而精”的教学理念，着力减轻学生负担，革新教学的内容与方法，培养学生的自学能力。这一改革取得了显著成效，学校教学质量不断提升，跻身北京市先进学校的行列。步入20世纪80年代，学校教学改革进一步深化，将“少而精”拓展为“少”“精”“严”“活”，对教师的专业素养提出更高的要求，有力地推动了教学迈向高质量发展的新台阶。

20世纪80年代试办的高中理科实验班和马约翰体育特长班，精准聚焦理科拔尖人才和文体兼修的高水平运动员的培养。从2000年起，清华附中与清华大学美术学院合作创办高、初中美术特长班，探索大、中学美术专长“一条龙”培养新模式；2008年，清华附中国际部应运而生，致力于培养立足中国文化、具有国际竞争力的国际型人才；2009年，首期“学生领袖训练营”成功举办，通过多种活动培养学生的公民意识、创新精神和领袖气质。

2012 年，初中语文教研组开始专题教学模式变革，从个别老师的课堂创新，发展到改变整个初中语文教学的模式。围绕立德树人的根本任务与提升学生学科核心素养的目标，历经多年精耕细作，打造出“致童年”“多彩四季”等多个成熟专题，并编写了相关丛书。2016 年，学校投身“互联网 + 教育”的教学改革实践，借助同课异构、专家引领、专题研讨等活动，打造了生动、有趣、多元的数字化课堂，提升了教师的数字素养，促进了优质教育资源的广泛共享。2020 年疫情期间，学校迅速落实“停课不停学”的号召，各年级、各学科根据自身特点，利用多种互联网工具，有条不紊地开展线上教学、答疑、作业布置等工作。高三年级采取线上教学、网络互动、实践作业等方式指导学生复习；初一年级开设特色课程，保障学生学习与锻炼两不误。

然而，中考、高考改革的持续推进带来了前所未有的新挑战。新中考部分科目地位调整，如何激发学生对非中考、高考科目的学习兴趣，成为亟待破解的难题。与此同时，社会对人才的需求已经发生深刻的转变，新时代教育不仅要求学生掌握扎实的专业知识，更要求学生具备跨学科综合素养、创新及解决复杂问题的能力，以满足个性化学习需求。在此关键时刻，国家政策为教育改革指明了方向。2019 年 6 月 23 日，《中共中央　国务院关于深化教育教学改革全面提高义务教育质量的意见》印发，强调强化课堂主阵地的作用。2023 年 5 月，教育部办公厅印发《基础教育课程教学改革深化行动方案》，突出育人方式改革。基于此，2023 年，清华附中以“课堂革命”为突破口，开启全方位教学变革。

2. 改革前的教学反思

苏霍姆林斯基曾说：“最满意的课堂教学，永远是下一节课。”这折射出了教师对课堂教学进行不断反思、追求卓越的重要性。在“课堂革命”启动前，学校引导全体教师深刻反思，归纳出与课堂教学相关的五大可提升的方向。

教学理念滞后。部分教师意识到，随着社会的高速发展，陈旧的教学理念致使课堂缺乏活力与创新，组织形式单调，教学效率大打折扣，迫切需要紧跟时代步伐，实现教学理念的更新换代。

教学内容僵化。面对新时代学生的多样化需求，教学内容必须因材施教、灵活整合，彻底摒弃对教材的僵化照搬，剔除陈旧知识，赋予知识鲜活的生命力。

教学主体偏差。部分课堂仍以教师为中心，忽略学生的反馈和感受。教学设计应转向以学生为主体，依据学情精心规划，充分发挥学生的主观能动性。

教学形式单一。部分课堂教学形式单一，师生交流不足。需结合学科特点，丰富教与学的方式，为课堂注入更多活力。

教学评价片面。原有的学科课堂评价方式单一，无法适应时代发展，缺乏契合学科特点的多维度评价量表，难以有效规范课堂教学，推动教学质量迈向更高水平。

清华附中在对过往教学改革进行全面梳理与深刻反思的基础上，开启了“课堂革命”的全新征程。接下来，让我们一同深入探寻这场改革的核心理念与创新举措吧。

二、创新理念重塑课堂

在对教学改革的历史沿革进行全面梳理、对现有课堂教学问题进行深刻反思之后，清华附中的“课堂革命”正式扬帆启航。这场改革以“立德树人”为根本任务，秉持“以学生为中心”的教育理念，致力于培养具有家国情怀、强健体魄、丰盈内心、国际视野的拔尖创新人才。其核心理念独树一帜，为课堂教学改革指明了清晰的方向。

1. 一个中心：以学生为中心，因材施教促成长

“课堂革命”将学生置于教学的核心位置，关注个体差异和个性化需求，激发学习兴趣和内驱力，引导学生主动参与学习，培养自主学习能力和批判性思维能力。教师角色也从传统的主导者转变为学生成长道路上的引导者和陪伴者，这要求教师深入了解每个学生的特点和需求，设计多样化的教学活动。

以数学教学为例，这种理念要求教师根据学生的数学基础和学习能力分层设计教学。对于基础较弱的学生，教师设计基础练习题和简单的应用题，帮助学生巩固基础知识；对于中等水平的学生，教师设计综合应用题和拓展题，

提升学生的解题能力；对于学有余力的学生，教师设计探究性问题和开放性问题，培养学生的创新思维。通过这种分层教学模式，不同层次的学生都能在课堂中找到适合自己的学习路径，收获知识与成长。

2. 两个基本点：提升核心素养，训练高阶思维

“课堂革命”注重培养学生的核心素养，包括学科知识、实践能力、创新能力、社会责任感等。通过设计多样化的教学活动，训练学生的分析、综合、评价、创新等高阶思维能力，促使他们从知识的被动接受者转变为主动探索者和创造者。

以阅读名著《海底两万里》的教学为例，学生在“奇幻海底十日游”项目中，需要综合运用语文、地理、生物、美术、信息科技等多学科知识完成项目设计。除了需要根据《海底两万里》中的情节，设计旅行路线（地理知识）、制作宣传单（美术知识）、规划三餐（生物知识），还要通过微视频展示项目成果（信息科技知识）。在这一过程中，学生的综合素养与创新思维得到了全方位提升。

在2024年11月举办的高23学部英语原创戏剧大赛中，学生们积极响应“课堂革命”号召，围绕“中国故事”“科学畅想”“个人成长”主题进行创作。在准备过程中，学生们综合运用英语知识、文学创作能力、表演技巧及团队协作能力，从剧本创作、角色塑造到舞台呈现，全程深度参与其中。这一过程极大提升了学生的英语核心素养与高阶思维，他们在创作中思考主题内涵，在表演中展现语言运用能力，将知识学习与实践创新紧密结合。这不仅是对“课堂革命”理念的生动实践，更是对学生核心素养与高阶思维提升的有力见证。

3. 四大元素：通过问题、任务、情境和活动，构建活力课堂

“课堂革命”强调课堂教学中要突出问题、任务、情境、活动四大元素，即提出精彩多样的问题、设计有趣丰富的任务、构建一个真实情境、开展沉浸式活动。以此确保教学设计围绕学生展开，课堂教学更加生动，学生积极参与其中，灵活运用所学知识解决问题，提升核心素养。

在语文“名著阅读分享会”活动中，学生分组阅读《西游记》《水浒传》等名著，围绕“孙悟空的成长历程”“梁山好汉的性格特点”等主题，通过小组讨论、角色扮演、辩论等方式展示自己的研究成果，并与其他小组进行交流和互动。这种合作探究式学习不仅提升了学生的语文素养，还培养了学生的团队合作能力和批判性思维能力。

简言之，“课堂革命”致力于打造“有生命力的课堂”，尊重学生主体，让学科知识鲜活、教学形式灵活、学生主动参与。基于学情的设计，激发学生的学习热情和创造力，使课堂成为思维碰撞、能力提升的新空间。清华附中围绕这些核心理念，将“课堂革命”的理念切实转化为具体的实践，全方位地推进课堂教学的创新与变革。

三、多元路径全面实践

从理念到实践，清华附中围绕教师对教学要点进行反思，从课程设置到教学方法，从教师评价到学生评价，展开了一场全面且深入的改革实践，将“课堂革命”的理念切实落地，推动课堂教学的全方位创新与发展。

1. 教学理念更新，激发教师“自我革新”

学校多措并举促进教师教学理念的更新，鼓励教师进行“自我革新”。

一方面，学校通过讲座、例会、材料学习、海外研修等活动提升教师的专业素养与教学能力。自 2023 年起，学校组织优秀教师赴美国研修，内容涵盖参观美国中小学的课堂教学、与美国教师进行教学研讨、了解美国教育的最新理念和技术。回国后，教师将所学内容进行分享和应用，推动了学校教学理念的更新。例如，一位参与研修的语文教师将美国中学的“项目式学习”理念引入课堂，重新布局教室，并设计了多个小组合作学习任务，显著提升了学生的综合能力。

另一方面，学校建立奖励机制。在“课堂革命”的推进过程中，对个人、备课组、教研组等进行评比，激发教师参与“课堂革命”的积极性和主动性。学校还设立了多种教学奖项，对在“课堂革命”中表现突出的教师和团队进行表彰和奖励，营造良好的教育改革氛围。

此外，学校还特别邀请业界专家就“教学设计中的批判性思维”“基于核心素养的课堂教学改进”“中学项目式学习的实践策略”等热点问题进行讲解，为教师提供了切实有效的教学改进策略。

2. 教学内容重构，激发跨学科课堂活力

课程内容的重构不仅是“课堂革命”的核心，还是激发学生潜能、培养学生能力的基石。结合各学科特点，“课堂革命”依据中学生的学习需求、兴趣、科学技术的发展趋势、教师对教学课标的理解以及高阶思维培养要求，依据教科书的脉络，对课堂教学内容进行重构。

教师通过问卷调查、访谈等了解学生的需求，据此整合教学内容，提升学生积极性；关注学科前沿，引入新技术、新方法，如在课堂中展示新技术成果，组织动手实践，让科技赋能教学；将科研成果融入教学，引导学生探究实际问题，培养解决问题的能力；通过项目式、团队合作、辩论等形式，培养学生批判性思维与创新能力。

教师在实践中的种种努力，为课堂注入了新的活力。在此基础上，学校层面也积极作为。学校不仅通过举办各类学科竞赛和特色活动，如“天学杯”词王争霸赛，激发学生的参与热情和学习兴趣，为学科间的知识交流与融合提供平台，还通过开展“双减背景下物理学科德育的实施

探索”“基于核心素养的跨学科案例研究”等课题研究，鼓励教师开展跨学科实践。

从教师的教学实践到学校的整体推动，形成了一套环环相扣的体系，全面助力“课堂革命”在课程内容重构方面不断深入发展，有效激发了跨学科的课堂活力。

3. 教学关系转变，共筑课堂生命共同体

在清华附中，课堂不再是知识的单向传递场所，而是师生共同成长、知识共融的生命互动场。

学校致力于构建一种新型的师生关系，将学生置于教学设计的中心，实现教学与学习的深度融合。倡导构建以学生、课程、学习为中心的新型教学关系与“以学为本”“为学而教”的学本课堂。以学生为中心，提供多元教学资源，鼓励学生参与教学节奏把控，利用人工智能与大数据实现个性化学习。推进教育变革，强调实践性，鼓励自主学习，培养实践与创新能力，构建多元评价激励机制。推行资源共享，建立资料库，开展在线课程，师生平等互动，优化教学资源分配。

此外，“课堂革命”还引入了课堂监督机制，如学科顾问的听评课、备课组的推门课及调查问卷的反馈等，以此倒逼教师与学生建立合作学习的关系，尊重学生的意见和学习行为，尊重学生的认知规律和人格，共筑课堂生命共同体。

4. 教学方式创新，打造智慧教育新范式

学校积极构建“人工智能 + 教育”新模式，为“课堂

革命”注入新活力。学校充分利用先进的硬件设施和现代教育技术，将人工智能技术与教育教学深度融合，打造一个技术赋能的新时代课堂环境。鼓励教师探索新教学模式，推进教学各环节创新。这一环境的营造，为教师探索新教学模式搭建了广阔的舞台。

教师立足学生实际设计多样化的教学活动，满足不同班型、层次学生的需求，实施分层教学。同时，利用互联网、人工智能技术赋能教学，通过课前调查、微视频、在线讨论等方式激发学生的兴趣与内驱力。积极开展项目式与跨学科学习，打破学科界限，引导学生探究，自主设计、探究、评价，提升综合能力与创新思维。

为深入挖掘人工智能在教育教学中的应用潜力，学校积极举办“互联网 +”优质课展示活动、“人工智能背景下的学科育人”展示课活动。这些活动深入探索人工智能在教育教学中的应用潜力，不断推动教育教学方式的创新。2024年，清华附中技术教研组组织教师参观清华大学科学博物馆举办的“晚清士人眼中的西方科技世界”科学展览。教师们深入思考并交流展览中可融入教学的跨学科内容及创新观点，并将其运用到日常教学中。例如，在信息技术教学中，结合展览中晚清士人对西方科技的探索历程，引导学生思考科技发展与社会进步的关系，从而拓宽视野，提升科技素养。

在一系列举措下，学校的数字化课堂呈现出无限魅力。它不仅提高了学生的课堂参与度，更激发了他们的学习内驱力。

5. 教学评价多元，全面反馈助提升

在“课堂革命”的推进过程中，课堂评价体系的创新

设计成为提升教学效果的关键一环。学校根据人文社科、自然科学、体育艺术等不同学科的特性，精心构建了多元化、过程性评价体系，促进了教学质量的提升。

这一体系借助科学、可操作的量表，涵盖2个观察维度、6个观察要素、13个观察指标与26个观察点，精准评估学生的课堂参与度、思维活跃度、练习深入度，考量教师教学的有效性、课程设计的系统性及教学目标的达成情况。这种以学生为中心的评价机制，有助于教师全面了解学生的学习状态，让其能够清晰认识到自己的长处与短板，从而有的放矢地调整学习方法，提升学习效率。这一评价体系还为教师提供了深入洞察学生学习状态的窗口，使他们更准确地把握学生的学习需求，及时优化教学方法。

为进一步完善评价体系，学校在教师评价的基础上，积极引入学生自评、互评以及家长评价等多元评价方式，全面了解学生学习情况，为教学改进提供依据。例如，在“《西游记》微视频评比”项目中，包含了丰富多样的评价方式。在项目完成后，学生先进行自评，填写自评表，反思自己在项目中的表现，包括任务完成情况、团队合作能力、创新能力等；在学生互评环节，小组成员之间相互评价，指出优点和不足，提出改进建议；教师则根据学生的项目成果和课堂表现进行综合评价，重点关注学生的知识运用能力、团队合作能力和创新能力；家长通过观察学生在项目中的表现，填写评价表，对学生的成长和学习态度进行评价。

这一系列多元评价方式，为教师提供了丰富的反馈信息，有助于他们全面了解学生的学习情况，改进教学方式，还为学生的学习和发展提供了有力的支持。

四、教师队伍建设稳步推进

“课堂革命”聚焦教师教学业务水平提升，通过 2023—2026 年三年规划，分“三步走”加强教师队伍建设。

第一步，到 2024 年，全力引导教师实现理念更新，并完成相应的示范实践，具体分为前、中、后 3 个阶段的工作：前期重点进行宣传和动员，引导教师确定自身的课堂提升方案；中期重点树立“课堂革命”的先锋榜样，培养各学科的示范教师；后期通过“请进来”对教师进行培训和指导，以及“走出去”参观学习，提升教师课堂教学能力，从而推动“课堂革命”，促进教学高质量发展。

第二步，到 2025 年，聚焦课堂实践，加强备课组建设。前期引导教师通过实践不断调整教学内容，依托学情开展创新活动；中期聚焦备课组备课质量，通过组内榜样带动更多教师参与其中，连点成面，形成燎原之势；后期面向优秀备课组进行评比，深化并巩固“课堂革命”的成果。

第三步，到 2026 年，在各学科教研组全面铺开改革经验，在全校完成推广。前期依托备课组的优秀做法和经验，不断推广“课堂革命”的经验；中期以备课组、教研组为单位，总结“课堂革命”的成果，形成有一定影响力的学科成果；后期逐步形成教师自我革新的意识，时时落实“课堂革命”的成果，不断提升育人水平。

此外，学校还通过建立革新理念机制、课堂监督机制、个体团体奖励机制、活动保障机制等措施，全方位保障“课堂革命”深度推进。清华附中通过这一系列具体的实践，在教学的各个环节取得了显著的成效。

> 要做学者型的中学教师，不做教书匠
>
> ——万邦儒

五、成果斐然，未来可期

清华附中的“课堂革命”在全方位、深层次的改革实践中，已然收获了令人欣喜的成果，同时也为未来的教育改革积累了宝贵经验。但在前行的道路上，清华附中也需正视挑战，不断反思与改进，明确未来的推进计划，持续为教育事业发展注入活力。

1. 璀璨成果，彰显变革的力量

教学质量显著提升

“课堂革命”犹如一阵春风，吹进了校园的每一间教室，显著提高了教学质量，学生的学科素养和综合能力得到了全面发展，学习兴趣和内驱力也得到了有效激发。在跨学科项目式学习中，学生完成任务的过程就是学科知识、实践能力和创新思维同步提升的过程，课堂真正成了学生成长的沃土。

教师专业成长加速

教师在改革中不断更新教学理念、创新教学方法，专业素养和教学能力大幅提升，积极投入教学研究和课程开发，形成了浓厚的教育研究氛围。众多教师通过参与“互联网＋教学”实践，提升了运用人工智能开展教学的能力，为课堂教学注入了新的活力。

教学模式引领创新

学校成功探索出了跨学科项目式学习、“互联网＋教学”、线上线下混合式教学等一系列创新的教学模式。2025年，清华附中引入了智能教学平台，支持教师进行线上教学、线上布置作业、在线测试等功能。在数学教学中，教师通过智能教学平台布置个性化作业，平台自动批改并生成了详细的错题分析报告，助力教师调整教学内容和方法，极大地提高了教学效率，并优化了学生的学习体验。

课堂评价科学完善

为开发具有清华附中特色的高质量课堂“听评课”框架，突出“以学生为中心”的评价导向，2024年学校修订了评价量表，增加了“学生参与度”“思维活跃度”“创新能力”等指标，细化评价内容，如“学生参与度”涵盖发言次数、小组讨论参与度等，为教师教学与学生发展提供有力支持。

2024年4月，清华附中举办“人工智能背景下的学科育人”展示活动，16位骨干教师开展了人工智能与学科教学相结合的展示课。例如，舒迟老师在作文讲评课中创新性地融入了先进的AI系统“IN课堂”，借助“人工智能批改作文”的形式帮助学生更清晰地认识优秀作文的特质，还设计了批判性思考环节，提升学生的思维能力；孙晓芳老师在完成“创意博物馆”写作任务时，通过AI启发思路、润色文稿、辅助画图、引发反思，将学科教学与育人任务有机地结合起来。

在展示活动中，教师们通过运用 ClassIn、ChatGLM、IN 课堂、希沃白板、文心一言等软件，点燃了学生的课堂学习激情；通过与行业专家远程连线对话，实时获取专业知识并了解行业动态；通过使用数字化共享屏幕展示学生的答题思路，实现对学生学习效果的实时反馈与评价。教师们将人工智能技术精妙地融入课堂教学，不仅提升了学生的课堂参与度，更提升了学生的学习自主性，切实打造出生动、有趣、多元的数字化课堂，展示了清华附中“课堂革命”的成果。

这些成果充分彰显出清华附中“课堂革命”的显著成效，无论是教学各环节的优化，还是新技术在课堂上的深度应用，都切实推动了教学质量与学生发展水平的提升。然而，在持续前行的改革道路上，我们仍需不断反思与完善，后续也将基于这些成果，深入探讨如何进一步深化改革，以应对新的挑战与需求。

2. 反思改进，砥砺前行

在“课堂革命”的推进过程中，“以学生为中心”这一核心理念既是改革的灵魂，也是难点所在。尽管学校已在诸多方面作出努力，但仍有进步空间。例如，针对学习困难的学生，可构建一对一帮扶机制，教师定期与学生沟通学习情况，制订专属学习计划。在评价体系方面，对于艺术学科，“学生参与度”指标可进一步细化为课堂作品创作参与度、艺术活动组织参与度等，以提高评价的科学性与有效性，确保其真实地反映教学情况。同时，为推动“课堂革命”常态化，可建立改革成果定期分享会制度，促进教师交流经验，避免改革出现阶段性起伏。此外，学校还需优化教师参与研讨活动的时间安排，保障教师在繁忙的教学工作中能积极参与校际交流合作，探索教育改革新路径。

3. 推进计划，绘就教育新征程

深化课程建设，打造特色课程

为进一步优化课程体系，学校将加强课程的整合与创新，开发更多具有清华附中特色的校本课程，以满足学生多样化的学习需求。例如，结合中高考改革的要求，开发更多跨学科课程和实践课程，提升学生的综合素养。

强化教师队伍建设，搭建多元成长平台

学校将持续加强教师培训，通过开展教学研究、教学比赛、教学展示等活动，为教师提供更多的成长机会和展示平台。例如，定期组织教师参加国内外教育研讨会，拓宽教师的教育视野。

推进教育信息化，构建智慧教育生态

学校将加大教育信息化建设力度，充分利用互联网、人工智能等现代信息技术，推动教育教学的深度融合，打造智慧课堂，提升教育教学的现代化水平。例如，引入更多先进的教育技术工具，提升课堂教学的互动性和趣味性。

凝聚家校社合力，共筑学生成长之路

学校将进一步加强家校社合作，通过家长学校、家长

委员会、社区实践活动等形式，引导家长和社会参与学校教育，共同促进学生的全面发展。例如，定期组织家长开放日活动，邀请家长参与课堂教学和评价，共同关注学生的成长。

清华附中的“课堂革命”是一场全方位、深层次的教学变革，它不仅改变了传统的教学模式，更推动了学校教育教学质量的全面提升。在未来的教育改革中，清华附中将继续秉持“立德树人”的教育理念，以“课堂革命”为引领，不断探索教育教学改革的新路径，为培养适应未来社会需求的创新人才贡献力量，为基础教育改革提供宝贵的经验与智慧。

六、我的“互联网+教育”探索之路

文/物理教研组　潘天俊

“课堂革命”的目标是构建一种新型师生关系，将学生置于教学设计的中心，实现教学与学习的深度融合，呈现“以学为本”“为学而教”的学本课堂。那么，如何真正做到以学生为中心？这就要求教师提供多元教学资源，具备较高的教育信息化素养。本文作者潘天俊老师，通过自己的不断探究，成功地利用网络科技和现代教育信息化技术赋能物理教学，取得了很好的教学效果。

2014年9月，我满怀信心地接手了高一物理教学工作。原本以为凭借10年的教学经验，只需对原有教学方案稍作调整，便能取得令人满意的效果。然而，从第一节课开始，我便发现了一个令人困惑的现象：尽管我在讲台上激情洋溢，学生们却不愿抬头听讲。经过调查，我发现超过2/3的学生已在校外培训机构提前学习了高中物理内容，这几乎成了当时资优生的“标配”，而剩下的1/3学生则仍是零起点。学生的实际起点差异巨大，这让我陷入了深深的思考：班级教学的起点应定在哪里？如何让不同起点的学生都能在课堂中有所收获并保持兴趣？这似乎是难以克服的问题。

正当我满脑子都是疑问时，答案却不期而至。当时，恰逢学校安排我前往上海参加一个与制作教学微视频有关的培训会。会上，我了解到大洋彼岸的“可汗学院”正在蓬勃发展，国内大学也宣布进入 MOOC 元年。这让我灵光一现：如果让学生在课前自学微视频内容，是否能解决我面临的问题，实现教学起点的一致？说干就干，我决定在附中物理课堂中尝试“互联网 + 教育”的探索。

1. 寻找技术工具：从问题诊断到解决方案

首先，我面临的问题是微视频从何而来？当时的网络资源远不如今天丰富，有关高中物理的微视频寥寥无几。于是，我决定自己动手录制。借助在上海培训中学到的技能，我反复尝试，最终决定采用软件 Camtasia Studio 进行录制。我先是制作教学 PPT，然后对着屏幕讲解，同步录制屏幕图像和我的解说声音，最后将其转化为 MP4 格式存储。经过不断的尝试，我的制作技巧日渐娴熟。一个 10～15 分钟的微视频，通常只录一遍就能达到满意的效果。

其次，如何将这些学习资料发布给学生？最初，我选择了百度云盘，但使用起来并不方便。幸运的是，我遇到了清华同方知好乐教育科技有限公司的冯南平大姐。我向她描述了我的需求，她向我介绍了他们公司的学习平台。我发现这个平台非常符合我的需求，于是我从“游击队”升级为“正规军”，立即将知好乐学习平台作为教学平台，将视频发布到平台上，学生通过账号进行学习。

然而，如何检测学生是否真的进行了自学呢？此外，是否应该使用技术手段强制学生观看视频（比如禁止快进、要求摄像头一直开启、在视频中插入习题等）？经过一番思考，我认为没有必要。难道他们不能通过阅读教材来自学吗？何况在辅导机构或家长的帮助下提前自学也是可以的。我始终没有忘记自己的初衷：在正式上课前将学生拉到一个起点。只要精心设计自学后的课前测试题，就能形成完美的闭环。课前检测相当于为每个学生做了一次知识和能力的“体检”，学生已经掌握了什么，还没有完全掌握什么，一目了然。这些数据也成为我备课时的珍贵素材。

2. 技术催生改革：从传统课堂到翻转课堂

在解决了课前问题后，紧接着的一个问题是，既然学生已经在课前自学了微视频，那么课堂上该做什么？我认为，如果课堂上的内容与微视频重复，学生可能会感到索然无味。传统的课堂设计显然无法适应这种新模式。通过阅读文献和不断尝试，我最终选择了翻转课堂教学模式。这种模式重新调整了课堂内外的时间安排，将学习的决定权从教师转移给学生。在这种模式下，学生在课前通过观看教师提供的视频讲解等材料进行自主学习，而课堂时间则主要用于答疑解惑、合作探究和知识运用。结合实际情况，我逐渐摸索出适合清华附中学生的具体方案。

课堂教学的第一步是纠错。平台上的课堂前测提供了清晰的正误统计，让我能够一目了然地了解学生的情况。结合教学经验，我可以帮助学生纠正知识上和理解上的偏差或错误。第二步是提升。物理学习有着明显的学习路径和层级，因此我精心设计了课堂思考题，带领学生进入物理的更高殿堂。这些思考题既有能够展示学生风采的问题，也有故意设计的陷阱，还有“打怪升级式”的经典问题。什么是高阶思维？什么是苏格拉底式提问？在那一刻，这些问题都具象化了。同时，相对充裕的课堂教学时间让学生有更多的机会进行交流，我也有更多的时间用于演示实验。

当然，一种全新的教学模式不可能一开始就是完美的，但不必求全责备。教学效果也从来不完全取决于教学模式，教师对细节的调整才是关键。在整个探索过程中，我的学生既是考官——审视我的工作并不断给予评价，甚至批评，也是战友——始终与我并肩作战，共同完成教与学的任务，还是老师——在我困惑时给予我启迪，帮助我寻找方法。就这样，基于微视频的翻转课堂教学模式在清华园的西北角生根发芽，并茁壮成长。在高一到高三的 3 年时间里，我的学生在历次考试中名列前茅，在高考中也取得了优异的物理成绩，这让我感到无比欣慰。

3. 不只是个技术活：从使用技术到超越技术

回望这次教学改革，微视频和翻转课堂并不是问题的关键。关键在于我们是否尊重事实，与时俱进，将教育的本质与优秀的教育技术、心理技术相结合，从而创造出卓越的教学成绩。

那么，基于互联网技术的“微视频 + 翻转课堂”教学模式为什么可行呢？不难发现，互联网技术具有明显的技术加持。在线微视频尊重学生的个性化需求，学生可以随时随地学习，不懂的地方可以重复观看，观看视频时没有课堂中其他同学带来的那种压力，思维发散时也可以立刻在网络上寻找答案。此外，在线的课前测试反馈更为及时，学生提交答案后能立即看到评价，快速了解自己的不足。教师的备课中多了基于数据的准确分析，对每一道题的每一个选项进行精准分析，可以为全班学生画像，也可以为某个学生画像。什么错了？为什么会错？如何纠错？精准的数据与丰富的经验相结合，发出了明亮的光。这种教学方式使课堂教学时间有保障、问题有价值，能贴近学生的最近发展区，给予学生充分的思考与表达空间。

正如当年“日心说”取代“地心说”，真正被质疑的并不是“地心说”，而是对宇宙是否存在“中心”的思考。传统课堂与翻转课堂之间并不是教学模式之争，而是对教学是否应该存在固定模式的思考。回望这段探索之路，我意识到，这不过是2014年互联网给予我这个小小物理老师的一次做梦的机会。10年后的今天，微视频已经深入我们工作和生活的每一个角落。偶尔，我依然会想起互联网对教育界的警示：学校已死，教育永生。

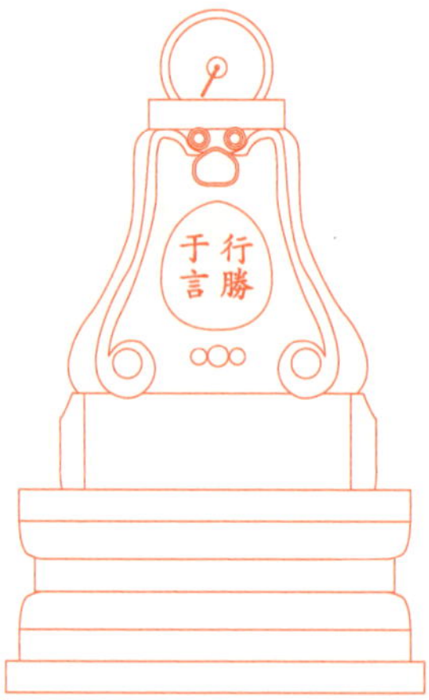

七、一堂师生难忘的学科融合课

文 / 地理教研组　姚佳

训练学生的高阶思维、培养学生解决实际问题的能力，这是“课堂革命”的内涵要求之一。如何把课本知识和日新月异的社会生活相连接？如何让课堂从单一的知识传递，变为多维的信息情感交互？姚佳老师的这堂地理课，结合大家关心的新闻热点话题，运用现代教学技术，融合多学科知识，让人耳目一新。

2025 年 2 月 1 日，我和李晟宇老师的学科融合课“‘疆’阔凭鱼跃的新传奇”登上央视《名师有名堂》节目。课程聚焦新疆盛产三文鱼成为西部经济开发大热点，探究如何将科技作为新质生产力，跨越地域与生态限制，为区域经济可持续发展赋能。这一课堂从构思到打磨的过程充满挑战与突破，蕴含着丰富的教育创新实践经验。

1. 探寻新疆鱼类养殖背后的学科密码

清华附中方妍校长率先提出“课堂革命”理念，引领全校教师深入研讨未来教育走向。随着时代发展，学生获取知识的途径愈发多元，单一学科的知识传授，已无法契合他们日益增长的对知识的渴求。在此背景下，学科融合课堂成为教育前行的必然方向。机缘巧合，我接到央视《名师有名堂》节目组有关学科融合课堂的邀约。考虑到这一话题与教育发展趋势高度契合，我与通用技术组的李晟宇老师合作，共同筹备了一节课，期望借此探索学科融合教学的有效路径，为学生提供更丰富且有深度的学习体验。

但是，不同学科在知识架构、教学方法与评价准则上存在显著差异，这使得融合过程困难重重。教学内容的整合、教学活动的设计，以及平衡多学科的教学目标，都成为亟待攻克的难题。如何规避“拼盘式”教学，成为跨学科教学模式探索的关键。

学科融合课程破壁的关键在于回归真实情境，以地理和通用技术学科的逻辑思考区域发展问题。地理学科从区域特征、资源分布、生态环境等角度，提供了分析该地区自然与人文基础的逻辑框架。通用技术学科则从技术手段、创新设计等层面，为提升资源利用效率、研发生态保护技术以及构建经济发展新模式提供了思路。于是我们深入研究新疆地区养殖三文鱼的区域条件，探寻当地三文鱼养殖面临的真实问题及解决措施。思考技术能够解决的生产难题，进而推动区域发展。

在新疆进行三文鱼养殖，面临着诸多自然条件的挑战，而科技在其中发挥了关键作用。新疆昼夜温差大、水资源分布不均，这给三文鱼的养殖提出了严峻的挑战。在科技的帮助下，智能温控系统精准调控水温，确保三文鱼在适宜的温度下生长。循环水养殖技术实现了水资源的高效利用，缓解了水资源短缺问题。这些科技手段不仅解决了三文鱼养殖难题，还带动了当地就业，促进了渔业经济发展，推动了产业结构优化。科技助力新疆三文鱼养殖，为区域发展注入了新活力，成为学科融合解决实际问题的生动案例。这种基于真实情境与学科逻辑的学科融合课程，打破了学科间的壁垒，切实培养了学生解决实际问题的能力，也为区域发展提供了新的视角与方法。

在本节课中，我们巧妙地引导学生以小见大，针对新疆昼夜温差大的环境，设计自动控制装置，让学生深刻领悟到科技赋能农业及产业发展的重要意义。通过这样的学科融合课程，学生不仅掌握了多学科知识，更提升了运用知识解决区域发展问题的能力。

2. 助力学生在课堂中提升思维水平

要想为清华附中的学生设计学科融合课程，就必须充分考虑到他们的水平。这些学生思维敏捷，对知识有着强烈的探索欲，并具有深度思考的习惯，以及较强的自主学习和创新实践能力。他们不满足于常规的知识传授，更渴望在学习中挑战自我、突破边界。因此，我们必须再次深入思考课程的价值。课程不能仅仅将知识简单地叠加在一起，而应着重培养学生的跨学科思维、综合运用知识解决复杂问题的能力，引导他们将所学知识与实际社会发展需求紧密相连，激发他们的创新潜能，为他们未来成为各领域的领军人才奠定坚实的基础。

那么，如何打磨课程才能实现这些目标呢？破局的关键应该回归到培养人的目标上，也就是依托课程培养学生的思维。教师依据地理综合思维的“四阶”进程设计符合学生思维的问题链。一阶关注学生基于图文资料，对气候要素与农业要素相互作用的结果进行分析的能力。二阶要求学生能够对给定的新疆内陆渔场快速发展的地理事象，从多个地理要素相互影响、相互制约的角度进行分析，给出简要的地域性解释。三阶要求学生能够结合给定的复杂地理事象，综合各种要素，系统分析其相互影响、相互制约的关系，给出合理的地域性解释。四阶要求学生能够对现实中的地理事象，运用要素综合、时空综合、地方综合的分析思路，进行系统性、地域性的解释。教师根据地理核心问题设计问题链，从有确定答案到半开放式，再到开放式，逐步引导并促进学生的思维进阶。

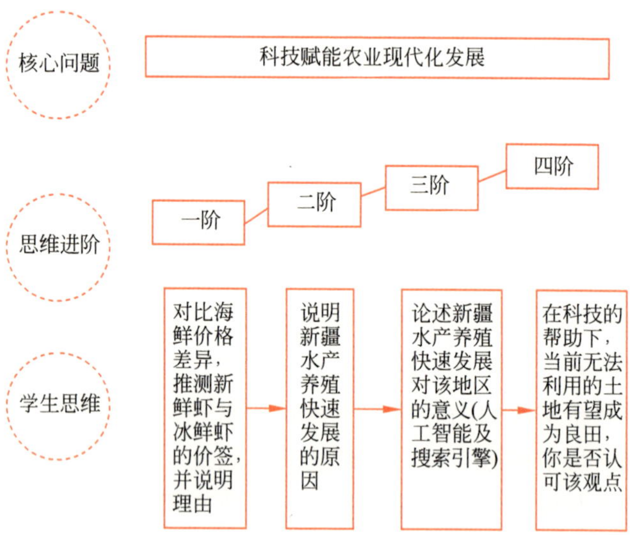

在“课堂革命”的浪潮中，教育领域正经历着翻天覆地的变化，互联网技术、AI 技术以及多学科融合等手段纷纷融入教学实践，为教育带来了新的活力与变革。但在这诸多改变之中，教育的核心始终坚守不变。无论教学手段如何创新，育人的目标始终坚定不移，那便是“为党育人、为国育才”。这一使命的达成，关键在于对学生思维的精心培养，正如在新疆三文鱼养殖学科融合课程中，学生对于新疆内陆水产养殖的生态影响，产生了辩证思考。新疆内陆水产养殖可以通过科技提高土地利用率，为人民提供水产品，但这种做法是否也会给当地带来新的环境问题呢？教师连线了相关领域的专家——贵州大学水产品养殖教授。学生在与教授对话的过程中，不仅能够解决困惑，还可以实现高阶思维的建立和培养。也就是说，互联网技术在课堂中的应用仍旧服务于学生，服务于学生思维的发展。尽管课堂运用了大量的新技术、融合了多学科知识，但最终目的是启迪学生思维，让他们学会运用知识解决实际问题，助力区域发展。

3. 为课堂赋予人文与个性

在课程的筹备过程中，为追求极致的呈现效果，我们不断打磨课程的各个环节，并确保每一句话都符合标准用语规范，只为在屏幕前给观众带来最专业、最流畅的知识传递。然而，在这一过程中，我逐渐意识到这节课似乎缺失了某种关键元素——教师的特色。身处 AI 时代，各类智能教学工具层出不穷，这不禁引发了我的思考：究竟教师的哪些特质难以被取代？答案是教师的个人魅力，它承载着浓厚的人性温度。

于是，我决心为课程增添一点人文气息，并在课前精心准备了来自挪威的三文鱼和来自新疆本地的三文鱼，让学生在品尝的过程中感受不同产地三文鱼的肉质、口感差异，以直观的味觉体验开启探索之旅。在分析得出新疆具备三文鱼养殖的条件后，我通过高清视频连线，将新疆热闹的海鲜市场“搬”进课堂。学生们看着屏幕上琳琅满目的水产品，仿佛身临其境，对当地的渔业发展有了更真切的认知。接下来，学生们分组讨论了新疆内陆水产养殖的意义，并积极分享了自己的见解。随后，水产养殖领域的资深教授也受邀加入了讨论，引导学生从经济、生态、社会等多个维度深入剖析我国开发内陆水产养殖的意义。面对学生们提出的各种观点，专家耐心解答，而我则在一旁适时引导，鼓励学生大胆质疑，勇敢表达不同看法。

这样的课堂，不再局限于知识的传授，更是一个点亮学生思维、激发学生探索欲望、培养学生辩证思考能力的过程。在这里，学生收获的不仅是地理知识与学科融合带来的启发，更是在与教师、与专家的互动交流中，感受到的人文关怀。教师以独特的个人魅力，搭建起与学生心灵沟通的桥梁，引导他们树立正确的价值观和社会责任感。这不仅是一堂关于地理与水产养殖的课程，更是一次对学生全面成长的深度赋能，充分展现了教师在教育中的独特价值与不可替代性，也让我们看到，无论时代如何变迁，教育的本质始终是人与人之间灵魂的对话与沟通。

八、课堂观察量表“诞生记”

文 / 教科研办公室　户艳茹

评价是教育教学改革的“牛鼻子”，是教师教学行为的指挥棒，也是学校办学理念和价值观的直观体现。在“课堂革命”的推进过程中，课堂评价体系的创新设计成为提升教学效果的关键一环。学校根据人文社科、自然科学、体育艺术等不同学科的特性，精心构建了多元化、过程性评价体系，有效推动了教学质量的提升。本文作者以课堂观察量表的革新过程为例，展现了一张量表背后的校园改革故事。

一个普通的周三下午，清华附中教科研办公室谭主任坐在教室后排，一边听课，一边在手中的课堂观察量表上记录着。这份量表多年来一直是附中教师听评课的重要工具。尽管老师讲得非常投入，但谭主任发现，学生们大多是在被动地听讲，主动思考、积极互动的课堂活力并没有被充分激发出来。

听课结束后，谭主任和几位听课教师围坐在一起，一条一条地对照着量表进行评课，有的教师在“教师讲解清晰度”一栏打了高分，有的在“课堂纪律”上给出了满分。然而，当谈到“学生参与程度”时，大家却显得有些犹豫：量表上关于这方面的指标模糊不清，很难给出一个准确的评价。

大家的讨论指向了一个问题——这份沿用了多年的课堂观察量表，已经无法满足学校课堂的需求了。它更多地关注教师的“教”，却忽略了学生的学习体验和课堂表现；它过于注重知识的传授，却忽视了学生思维的活跃度和个性化发展。

量表不仅是评价工具，更是引导教师教学和学生学习的重要风向标。如果量表不能与时俱进，那么“课堂革命”就很难真正落地生根！由此，一场课堂观察量表的革新之旅开启了。

1. 以学生为中心：重构课堂理念

“我们要设计一套新的课堂观察量表，让它真正聚焦于学生的学习体验和课堂表现。”在第一次会议上，这个由跨学科教师、学生代表和校外专家组成的量表设计团队就发现了困难：如何量化学生的思维活跃度？如何确保量表既能反映学生的参与度，又不会增加教师的负担？在解决这些困惑的过程中，团队成员将华东师范大学崔允漷教授提出的“课堂观察 LICC 模式”确定为理论工具。这一模式将课堂观察分为“学生学习（L）”“教师教学（I）”“课程性质（C）”“课堂文化（C）”四大要素。以此为理论依据，团队成员开始重新梳理和优化量表的观察要素和指标。

首先，“课堂融入度”被作为第一个核心观察要素。来自清华大学教育研究院的教授提出，“学生在课堂上的表现不仅仅是表面的参与，还涉及课前的准备、课堂上的倾听与师生互动等多个层面”。团队意识到，课堂融入度必须从多个维度综合考察，并细化为 3 个具体观察指标——学习准备、互动合作、表达展示。

其次，团队决定将“思维活跃度”作为量表中的第二个核心观察要素，并进一步细化出“独立思考”和“辩证思维”两个具体的观察指标。具体地说，“独立思考”重点关注学生能否在课堂上主动提出问题，并清晰地表达自己的观点和见解。而“辩证思维”则更侧重于考查学生能否从多个角度分析问题，并进行客观、全面的评价。

最后，团队转向另一个关键领域——学生学习效果的评估。练习是巩固知识和提升能力的重要环节。因此，团队将“练习深入度”作为评估学生是否真正达成教学目标的关键要素，并进一步细化出“练习策略”和“练习效果”两个具体的观察指标。

由此，“学生表现”的 3 个观察要素诞生了。这 3 个观察要素配有一系列具体的观察指标和观察点，它们不仅体现了以学生为中心的课堂理念，还为教师提供了清晰的评价标准，使课堂观察更加科学、全面和具有可操作性。

2. 以教师发展为核心：构建“教师表现”维度

一个全面的课堂观察量表，应当同时涵盖教师和学生两者的表现。对于评价“教师表现”，团队经过“大讨论”提出了“教学有效性”“设计系统性”“目标实现性”3 个观察要素。

在进一步细化中，一场场头脑风暴陆续上演。对于衡量“教学有效性”，英语组有老师提出:“教师的讲授是否清晰、能否准确地传达知识点，这是教学有效性的基础，但还不够，还要看教师是否能够有效地处理教学中的重难点。”物理组有老师补充道:“教学方法的选择也很重要。不同的学生有不同的学习风格，教师需要根据学生的实际情况选择合适的教学策略和方法。”在讨论、吸收成员意见后，团队最终将“教学有效性”进一步分解为“教学过程实效性”和“教学方法适宜性”两个观察指标。

对于“设计系统性”，生物组的老师提出:“教学设计不仅仅是把知识点罗列出来，更重要的是要有一个整体的框架，让知识点之间相互关联，形成一个有机的整体。”历史组的老师也分享道:“教学设计应该注重理论与实践的结合。”由此，团队最终将“设计系统性”划分为“教学内容整合性”和“教学设计整体性”两个观察指标。其中，“教学内容整合性”强调打破章节界限，实现跨模块整合，以及理论与实践的结合;“教学设计整体性”则关注教学目标的全面性、教学环节的连贯性，确保教学活动能够有效达成预设目标。

3. 根据不同学科特点设计目标：满足多样化需求

新课改的教学目标早已不限于传统的双基目标或三维目标，现在老师们一致认为应该重点落实立德树人的根本任务，培养学生的核心素养；量表也应该与时俱进，反映这些新的要求。“啃”完学生表现和教师表现两块硬骨头后，一个更困难的问题摆在了大家面前：如何把“立德树人”和“核心素养”这些概念融入量表中?

学生代表小韩的话给了大家启发:“我们平时学那么多学科，不同学科的核心素养肯定也不一样吧？咱们这个量表是不是得根据不同学科来设计呀？”

教科研干事孙博士结合自己的听课实践补充道：“不同学科的教师对学生表现的关注点存在显著差异。例如，语文教师更关注学生的文学鉴赏能力和语言表达能力，数学教师更关注学生的逻辑思维和解题技巧，而体育教师则更关注学生的身体素质和运动技能。我认为量表必须根据不同学科的需求进行分类设计。”

最终，团队成员凝练出人文社科类、自然科学类、体育艺术类 3 种类型的学科核心素养。其中，在人文社科类量表中，增加了对学生文化自信、人文关怀等素养的观察点；自然科学类量表则着重考量学生的科学探究能力、逻辑推理能力等；体育艺术类量表聚焦学生的技能创新能力、审美感知能力及健康行为养成等方面。这一分类设计不仅满足了不同学科的教学需求，也让量表更具针对性和实用性。

然而，在进一步的团队会议上，数学组的老师提出了一个质疑：“不同学科的量表虽然各有特点，但如果需要在不同学科之间进行比较，怎么办？”经过深入探讨，团队决定在每种量表中保留一些通用的观察点，如“学生课堂融入度”“教师教学有效性”等，以便教师在不同学科之间进行横向比较。同时，还保留了在“目标实现性”方面的“学科特色指标”，确保每种量表都能充分体现学科特点。

4. 量表应用：在实践中不断完善和发展

经过不断的努力，新的课堂观察量表终于定稿，主要包含“学生表现”和“教师表现”两大维度，涵盖课堂融入度、思维活跃度、练习深入度等 6 个观察要素，并细化为 13 个观察指标和 26 个观察点。

不过，量表的重构只是第一步，真正的挑战还在后面——如何将这一新的量表应用到实际教学中，并推动“课堂革命”的深入进行？

推广初期，部分教师对新量表的接受度并不高。一些教师直言不讳地指出：“这新量表看起来挺复杂，感觉给我们增加了不少工作量啊！”“我用了几次，感觉有些地方不太顺手，是不是我理解错了？”为此，学校组织了多次培训会议，详细讲解新量表的设计理念、观察要素和具体操作方法。此外，学校还通过建立教师反馈机制，鼓励教师在使用过程中提出意见和建议，定期收集这些反馈，及时调整和优化量表。

如今，随着新量表的广泛应用，清华附中的课堂发生了显著的变化：教师在听评课时，不再只是简单地打分和挑毛病，而是围绕量表中的各个观察点，深入探讨教学方法的改进和学生能力的培养。通过一段时间的实践，学校对新量表的应用效果进行了评估，数据显示，学生在课堂上的参与度从原来的 60% 提高到了 85%，课堂互动次数增加了 30%，学生的平均成绩也得到了普遍提高。

校长方妍在总结这次量表革新时说：“通过这次的量表革新，附中的课堂真正实现了以学生为中心的转变，不同学科的特色得到了充分彰显，多维度的评价指标也让师生的课堂表现更加出色。这为我们学校的教育教学改革注入了强大动力，开启了课堂改革的新篇章。”

第五章

科创教育

——点燃创新之火，培育未来科技之星

国际基因工程机器大赛金奖、丘成桐中学科学奖科学金奖、全国青少年科技创新大赛最高奖中国科协主席奖、北京青少年科技创新市长奖、宋庆龄少年儿童发明奖金奖、世界青少年人工智能竞赛无限制专业组第一名、国际青少年科学奥林匹克竞赛金牌……这些亮眼的成绩，彰显着清华附中多年来深耕科技创新教育的卓越成果。

在科技创新引领时代发展的当下，清华附中始终走在教育改革的前沿，以科技创新教育为培育未来栋梁的核心动力，全力培养具有创新精神和实践能力的优秀人才。清华附中的科技创新教育不仅体现了教育理念的深刻革新，更成为培育学生创新精神与实践能力的重要摇篮。

一、从萌芽到蓬勃发展的创新历程

创新，一直是推动清华附中教育发展的核心动力。回顾其科技创新教育的发展历程，从早期的萌芽探索，到如今的蓬勃兴盛，每一步都凝聚着无数的努力与智慧。

早在 20 世纪 80 年代，清华附中就敏锐地意识到科学素养培养的重要性，并率先开设各类科技兴趣小组，鼓励学生动手实践。虽然当时的科技教育规模不大，但这些兴趣小组却如同星星之火，点燃了学生对科学技术的热情，为日后科技创新教育的发展种下了希望的火种。

进入 21 世纪，随着国家对科技创新教育的重视，清华附中也迎来了新的发展机遇。2005 年，学校正式成立了科技创新教育中心，这标志着学校科技创新教育进入了系统化、规范化的新阶段。此后，学校不断加大投入，引入先进的实验设备，丰富科技创新课程，并与清华大学、北京大学等高校建立了紧密的合作关系，为学生搭建起更广阔的学习平台。

2013 年，学校成立了面向全体初中生全天候开放的创客空间。在这里，学生摆脱了传统课堂的束缚，拥有了自主探索和实践创新的广阔天地，他们对科学技术的浓厚兴趣被极大地激发出来。众多学生在创客空间开启了自己的科创征程，从最初的创意构思，到亲自动手制作，一步步提升自身的创新与实践能力，践行着“动手造万物，人人皆创客”的理念。

2014 年，清华附中与美国托马斯·杰斐逊科技高中结为友好学校。此后，双方在课程研发、教师与学生交流等多个方面展开了深度合作。清华附中在合作过程中引入了国际前沿的教育理念和教学方法，并在此基础上于 2015 年成立了高等研究实验室（简称“高研实验室”），其领域涵盖生命科学、机器人、能源、计算机科学、化学、地理信息、航空航天等多个方向。

2019 年，学校携手美国波音公司以及挪威 First Scandinavia 公司，联合成立了波音·牛顿飞行学院。在这里，学生能近距离接触到国际领先的航空航天技术与理念，极大地激发出他们对航空航天领域的兴趣与探索欲望。

通过这些实验室和平台的建立，清华附中构建起从初中到高中的一贯制衔接培养体系，为学生提供了从课程学习到实践活动，从选修课到夏校、冬令营的全方位发展机会，不断开启清华附中科技创新教育的新篇章。

二、以课程为基、实践为要的培养路径

近年来，国家对科技创新教育日益重视。出台了多项政策推动中小学科技创新教育。2018年《教育部等六部门关于实施基础学科拔尖学生培养计划2.0的意见》，指明培养基础学科拔尖创新人才的路径。2025年，教育部基础教育教学指导委员会发布《中小学人工智能通识教育指南（2025年版）》，科学规范推进人工智能全学段教育。

这些政策文件既体现了国家对创新人才培养的高度重视，也为清华附中的科技创新教育提供了有力的政策支持。学校积极响应国家政策号召，结合自身实际情况，确定了科技创新教育的着力点，构建了完善的人才培养体系。

1. 从理念到实践：创新人才培养之道

在基础教育阶段，许多国家都在积极探索如何评价和培养优秀学生，尤其是科技创新人才。美国曾颁布一系列法案并重视“天才教育”，包括设置大学先修课程（AP）、国际文凭课程（IB）等。英国政府从1999年开始实施“城市教育优异计划”，旨在提升城市教育质量，挖掘和培养学生的创新潜力。新加坡从1984年开始实施“天才教育计划”，目的是培养学生的自主学习能力和探索能力。在印度，共有512所“天才儿童学校”，主要招收来自农村的具有超常天赋的儿童。

在科技创新浪潮席卷全球的当下，培养科技创新人才已成为教育工作的重要使命。究竟什么样的学生能成长为科技创新人才呢？

清华附中有着清晰的科技创新人才培养逻辑。清华大学教授、清华附中前任校长王殿军将科技创新人才概括为“全面优秀，有所特长，追求卓越”。他认为，创新人才除了综合素质优秀，还要具有自己的特性和特色，在某些方面有特殊的天赋或兴趣，同时还要具有非常强的学习能力和追求卓越的品格，要“不安于现状”，敢于超越自我，有梦想、有恒心、有学习的激情与动力。

学校致力于培养具有家国情怀、强健体魄、丰盈内心、国际视野的拔尖创新人才，期望学生在科技创新方面能够格物而致知，能够博学之、审问之、慎思之、明辨之、笃行之，践行“行胜于言”的清华校风。这种顶层的理念设计，对后续实验平台的建设、课程的开发、活动的实施、师资的培训等一系列举措起到了引领作用。

既然明确了科技创新人才的特质和培养目标，清华附中是如何培养科技创新人才的呢？

在创新人才培养的探索过程中，学校遵循顶天立地的大格局设计，从以终为始的顶层设计到立足于实验研究的平台建设，以面向真实情境的项目式课程体系和高影响力的活动为主要抓手，通过组织标准规范、统筹科研机构形成育人合力，共同构建起创新人才教育的有效体系。

为了实现对学生创新能力的培养，学校通过学生、家庭、社会的共同努力，为学生营造真实情境的课程体系，使他们能够浸润其中，在应用课本知识的同时，注重方法、思维及社会意识的培养。利用东倚清华园、西望圆明园等天然优势，学校于2010年开设了“三走进”课程，让学生带着问题走进圆明园、走进博物馆、走进动物园，这也是清华附中后续开展STEM课程（将科学、技术、工程及数学学科结合在一起的综合课程）的基础。学校于2013年创办了全国第一家创客空间，2015年建立了高研实验室，积累了丰富的课程资源与素材，搭建了从小学到高中的完善的课程体系，并且从2017年开始联合国内外专家学者共同制定了符合中国特色的STEM课程实施标准。

无论是科学研究还是工程实践，都离不开实验平台的支撑。学校坚信，构建一个开源、开放的创新实验平台，既能满足对科学研究与工程实践感兴趣的学生的需求，营造浓厚的创新氛围，又能为教师的教学研究提供实践反馈，促进教学水平的提升。

2. 从课程到平台：初高中教育一体化联动

清华附中通过多年的尝试，搭建了合理的硬件与软件系统，为培育学生的创新意识、社会责任感搭建了平台。

初中：创新的种子在萌动

在初中阶段，学生可以通过创客板块的学习，培养创新思维和实践能力。学校依托创客空间这一物理空间，通过课程、比赛、学生自我管理等活动构建起一整套初中创客教育体系。

在“三走进”课程中，清华附中全体初中学生会利用每周三下午的第二、第三节课走进实验室、科技馆、大学、动物园、圆明园等场所，以实地考察、实践等方式在做中学、在学中做，将理论知识与实际应用相结合，达到知行合一。

在STEM课程中，学生们以项目式学习为主，通过团队合作完成项目，提升综合运用多学科知识和方法，发现问题、研究和解决问题的能力。STEM课程有别于创客课程，它更强调综合运用科学知识、数学知识来解决工程问题，而创客课程更强调利用技术来设计、制作、发明。学校在每周五下午放学后拿出1.5小时对学有余力的学生开设STEM课程，围绕生物、化学、地理、物理等相关主题开展了丰富的课程，诸如“水果中的营养”“跟着贝尔学净水”“鸟瞰地球”“松花蛋的奥秘”“A4纸中的科学与数学”“未来太空学者”等。

到初二时，学校开始组织学生开展课题研究，从项目的选题、开题到中期答辩等环节，均有相应的教师指导，学生要完成一篇较高质量的论文作为结业的前提，这极大地开阔了学生的眼界。与此同时，学校还通过一系列丰富的活动，鼓励学生自我管理实验室，引导一部分同学成为“创客”，并授予相应荣誉。

高中：科研的梦想在翱翔

进入高中后，借助高研实验室的平台，依靠初中扎实有效的创新教育，学生的创新潜力得到进一步释放。

为了能给清华附中极具天赋的孩子创设更好的科技研究平台，针对目前国内学生在实践探索、创新思维、合作能力等方面的薄弱问题，学校在2014年与美国托马斯·杰斐逊科技高中合作，引入他们创办高精尖实验室的理念及相关的管理经验，先后建成了机器人与自动化实验室、能源系统实验室、资源环境与地理信息实验室、计算机科学实验室、化学分析实验室和生命科学实验室；2019 年又与波音、First Scandinavia 公司合作建立了波音航空航天实验室。这些高研实验室的建立，不仅为学生的科技研究项目搭建了广阔的平台，还为学生的发展提供了国际化的视野。

值得一提的是，学校依托高研实验室，建设了丰富的科技课程体系，为学生成长提供了稳定、持续、系统的支撑。高研实验室为每一位高研学生制订了为期 2 年的培养计划。在这个体系中，学生从基础性课程开始，以相关的研究课题为纽带，对某些专业领域逐步进行深入的研究以期达到专业水准。

这个体系的流程非常清晰。高一上学期，开设实验室相关研究领域的基础课程（按学生零基础设计课程），课程以项目制方式进行，学生通过完成教师设计的项目或半开放的项目掌握该领域的基础知识、基本技能和研究方法。高一下学期，围绕项目展开。在教师的带领下，学生要完成一个项目的整个流程，包括文献查阅、实验设计与实施、数据处理与分析、结论的得出等环节。在这个过程中，学生将掌握科研的基本方法与素养，并进行项目开题答辩。高二全年以开放式项目研究为主。高二上学期，围绕学生项目中的关键技术、关键知识点进行专业课程学习与研讨；高二下学期，主要完成项目课题、论文撰写及课题答辩等环节。

特别值得一提的是，每年一度的高中开题结题答辩会已逐渐成为清华附中传统的学生科技大会，学生在大会上对科研成果进行结题展示，对拟研究的问题进行开题答辩。大会同时邀请科研院所、高科技公司等相关专家学者对项目进行评价与指导。答辩让学生有机会展示科研成果，接受专家评价与指导，极大地提升了学生的科研能力和表达能力。

人工智能实验班：创新课程培育多元思维

清华附中科技创新教育的一大亮眼名片是人工智能实验班。在海淀区教育两委（北京市海淀区委教育工作委员会和北京市海淀区教育委员会）和清华大学的支持下，2023 年，学校面向海淀区开展人工智能拔尖创新人才早期培养项目，成立海淀区人工智能实验班，探索人工智能领域拔尖创新人才培养从基础教育到高等教育的有效衔接。

人工智能实验班的学生，从初一开始利用周六及寒暑假时间学习“21 天人工智能课程”。该课程由清华大学计算机系、海淀教科院及清华附中等机构联合设计、研发和实施，内容涵盖计算思维、数学思维、程序设计、人工智能通识课、数学建模、机器学习、计算机视觉、社会实践等多个领域。

在教学模式上，实验班采用理论与实践相结合的方式，强调通过实际项目让学生深入理解人工智能的知识。比如，在程序设计课程中，教师会引入当下热门的图像识别、自然语言处理等实际案例，让学生亲自动手运用所学编程语言进行算法实现。以学生们开发智能图像分类系统的过程为例，在这个过程中，他们不仅掌握了 Python 等编程语言的核心语法，还学会了用深度学习的框架搭建神经网络模型，理解了卷积神经网络在图像特征提取中的原理。同时，课程格外注重对学生计算思维和数学思维的培养。通过数学建模课程，引导学生将复杂的实际问题转化为数学模型，运用严谨的数学方法进行求解和验证，为后续学习人工智能算法打下坚实的基础。

三、强根基和稳发展的制度保障

制度是科技创新教育稳步发展的基石。为了让科技创新教育走得稳、走得远，清华附中构建了一套全面且科学的制度体系，为培养拔尖创新人才打牢根基。

1. 规划引领，扎实推进

学校制定了详尽的科技教育工作中长期规划及落实方案。“清华附中‘十四五’规划纲要”明确提出：“加强对学生科学素质、信息素养和创新能力的培养，鼓励教师在日常教育教学中让核心素养‘落地’。”在学校五年规划的指引下，科技办公室制定科技创新教育发展规划，提出三个阶段发展目标，并从课程建设、教师学习与发展、学生发展等多个方面细化落实。学校每周通过例会更新工作进展，年终进行总结反思，切实保障科技教育总体规划的有效实施。在课程建设方面，持续优化课程内容，引入新的科技知识与教学方法。在教师发展方面，每年组织教师参加国内外科技教育研讨会和培训课程，让教师能够及时了解行业的最新动态和教育理念，并将这些新知识、新理念融入日常教学中。

为保障科技创新教育制度有效发挥作用，学校成立了科技创新教育领导小组，由校长亲自领导，负责统筹协调全校科技创新教育工作。领导小组定期召开会议，研究解决重大问题，确保工作有序推进。同时，制定详细的科技创新教育实施方案，明确各年级的教育目标和任务，规定课程设置、教学内容、评价标准及实施步骤和保障措施，使科技创新教育得以切实落地。此外，建立科技创新教育激励机制，设立“高研实验室优秀论文奖”“科技创新之星”等奖项，对在科技创新教育中表现突出的师生给予表彰和奖励，包括物质奖励和精神鼓励，激发师生的积极性和创造性，营造浓厚的科技创新氛围。

在人事方面，明确教师职责与晋升渠道，激励教师积极投身科技创新教育；在财务方面，保障科技教育经费稳定投入，为教学和科研活动提供物质基础；在课程管理方面，规范课程设置与实施流程，确保教学质量；在实验室安全管理方面，制定严格的安全准则，保障学生实验安全。

在课程体系建设方面，学校将科技创新教育深度融入整体教学框架，确保每位学生都有机会接触科技创新课程。除了基础科学课程，学校还开设了人工智能、机器人、3D 打印等前沿科技课程，充分满足不同学生的兴趣爱好与发展需求，为学生打开科技创新的大门，激发他们探索未知的热情。

在竞赛支持方面，学校大力鼓励学生参与各类科技创新竞赛，提供充足的资金和丰富的资源保障。无论是全国青少年科技创新大赛，还是国际机器人竞赛，在学校的全力支持下，清华附中学生都能充分施展才华，屡创佳绩。这些竞赛经历不仅锻炼了学生的实践能力，还培养了他们的创新思维和团队协作精神。

2. 整合资源，促进发展

资源整合是清华附中科技创新教育的一大特色。清华附中积极与清华大学、北京大学等高校建立长期稳定的合作关系，定期邀请高校教授来校举办讲座，组织学生参观高校实验室并参与科研项目，让学生近距离感受高校的科研氛围，接触最新的科研成果。同时，学校与腾讯、大疆等科技公司紧密合作，如与腾讯合作开设人工智能相关课程，将企业实际案例和技术经验引入课堂，使教学内容更贴合实际应用。这种“中学—高校”“中学—企业”的联动模式拓宽了学生的视野，为他们未来的学术发展和职业选择打下了基础。

在师资指导方面，学校聘请知名学者及优秀校友担任学生导师，为学生项目的开展与课题的评审提供专业指导。同时，学校每年都会开展“学生导师计划”，聘请已毕业的高研实验室学生重回清华附中，指导学弟学妹的科研项目。

四、创新人才成长的沃土

历经多年努力，清华附中学子在科技创新竞赛中表现优异、成绩斐然。这些优秀学子的成长，不仅是个人的荣耀，更是清华附中科技创新教育成果的有力见证，激励着一届又一届的附中学子投身科技创新，追逐梦想，不断探索前行。

1. 竞技比赛：智慧的巅峰对决

在清华附中发展的辉煌历史篇章中，学科竞赛始终是孕育与培养拔尖创新人才的关键举措。学校在培养竞赛人才的过程中，不仅注重提升学生的家国情怀与科技人文素养，还尤为重视对人才逻辑思维能力的培养与国际视野的拓展。同时，学校还会着重培养学生的团队合作精神与科研精神。

清华附中在 2018 年就构建了完善的学科竞赛管理体系，设立数学、物理、化学、生物、计算机五大竞赛组，由教学管理与研究中心统一管理。在此基础上，学校制定了《清华附中学科竞赛辅导教师奖励办法》，以高额奖金激励竞赛辅导教师的积极性。针对竞赛教练的职业发展需求，清华附中创新性地提出了用于认定班主任年龄的特别方案，出台了《关于五大学科竞赛教练的班主任龄的认定的建议》。该建议以竞赛教练的工作量及学科竞赛成绩为标准，认定评职称所需的班主任年龄，为竞赛教练提供了更为灵活的晋升通道，进一步激发了他们的工作热情。

在清华附中的学科竞赛教育中，团队合作精神与科研精神被视为拔尖创新人才不可或缺的两大支柱。学校强调“团队作战”的理念，通过组织团队讨论、模拟竞赛等活动，让学生在实践中体验团队合作的力量，学会倾听、沟通与协作。同时，学校注重培养学生的科研精神，鼓励学生以科研的态度对待学科竞赛，勇于探索未知，追求真理。

学科竞赛团队由总教练带领若干名学生共同备战竞赛。团队内部实行分工合作，各司其职，既发挥了每个学生的特长，又锻炼了他们的团队协作能力。此外，学校还鼓励学生参与科研项目，通过实际操作和实验验证，培养他们的科研精神和实验技能。在辅导的过程中，教练团队注重引导学生发现问题、分析问题、解决问题，培养他们的科研思维和创新能力。这些举措不仅提升了学生的团队合作精神与科研精神，更为他们在未来的学术道路上走得更远、更扎实打下了基础。

科创类比赛中，清华附中近几年在科技创新大赛、宋庆龄少年儿童发明奖、丘成桐中学科学奖等各项竞赛中斩获国家级奖项百余项。学生们的参赛作品涵盖了环保、医疗、人工智能、能源、生物、数学、机器人等多个领域，展现了他们对社会问题的关注与解决问题的能力。

2. 优秀学子：闪耀的创新之星

在清华附中这片孕育科技创新的沃土上，学生们宛如璀璨星辰，在科技创新的广袤天空中熠熠生辉，取得了令人赞叹的优异成绩。

清华附中初17级黄琬淇、类天岳、王炯元3位同学组成的创客小组参加全国青少年未来工程师博览与竞赛（京津冀赛区），荣获项目团体一等奖；高16级王慎行、杨泓龙、顾梓煜完成的《基于无人机遥感的森林蓄积量估算研究——以北京市昌平区老君堂村为例》获第三届“登峰杯全国中学生学术科技创新大赛”一等奖；高研计算机科学实验室成员、高16级何婉榕不仅获得了丘成桐中学科学奖（计算机）金奖，而且摘得年度总冠军——科学金奖。

清华大学电子工程系主任汪玉是高96级校友。在中学时期，他就积极参与学校的科技创新活动，在电子信息领域展现出浓厚的兴趣与天赋，借助学校提供的资源与平台，他不断提升自己的专业能力，为日后在科研领域的发展奠定了坚实的基础。汪玉曾感慨，清华附中卓越的教育质量、丰富的教育资源对他的中学时代影响深远，特别培养了他独立思考的能力、坚持体育锻炼的习惯和面对挑战的勇气。

校友陈廷翰于2015年高一时加入高研实验室，他曾在这里“拜师”北京航空航天大学化学学院教授郭林。在郭林教授的指导下，陈廷翰完成了“消防用感应控温维生呼吸器”项目的研究，并获第32届全国青少年科技创新大赛一等奖及最高奖——中国科协主席奖。他在写给母校的话中提到，清华附中的老师不仅为他指引了前行的方向，也是他最好的朋友。他表示，在中学阶段，考试成绩固然重要，但从长远发展的角度看，广阔的视野更为关键。在清华附中高研实验室的经历让他在大学能高屋建瓴地看待学习和科研问题，有目标，有方向，不迷茫。

五、引领创新的教师团队

在科技创新教育中，教师无疑是最为关键的中流砥柱。学生的每一步成长、每一项耀眼成绩的背后，都深深镌刻着教师们无私的付出与默默的托举。清华附中有幸会聚了一支实力雄厚的科技创新教师队伍，他们宛如灯塔，照亮了学生的创新之路。

清华附中这支高水平研究型的科技教育教师队伍，拥有教师（不包括外聘教师）49 人，其中 8 人为专职教师。师资队伍中包括正高级教师 1 人、特级教师 2 人、“市学带”1 人、“市骨干”2 人、“区学带”12 人、“区骨干”8 人。这些教师来自不同的学科领域，他们或是科技专职教师，或是学科兼职教师，或是项目指导教师，都具备扎实的专业知识与丰富的教学经验。

清华附中还与清华大学等高校、科研机构及高科技公司建立了良好的合作伙伴关系，聘请知名学者及优秀校友作为学生导师。已经与清华大学车辆学院、钱学森力学班、环境学院、基础工业训练中心、电子系等机构合作开设了夏令营和冬令营等相关课程，还聘请大学教授来校为中学生上课，指导学生项目的开展，评审学生的相关课题。

学校为科技创新指导教师提供前往大学与科研院所、高科技公司等机构进修、交流、学习的机会。通过进修，教师能够接触到最新的科技教育理念与方法，提升自己的专业水平。

学校还为科技教育教师建立了专业的教学评价方案以及教师聘用与解聘制度。科技教育评价既关注课程评价，也关注教师评价。课程评价从教学内容、教学方法、教学效果等多个维度进行，确保课程质量不断提升；教师评价则综合考虑教学业绩、科研成果、学生反馈等因素。

总而言之，清华附中的科技创新教育，通过多年的探索与实践，已经形成了一套完整的体系，在培养学生创新能力、提升学生综合素质方面取得了显著的成绩。未来，清华附中将继续秉承创新教育理念，不断完善科技创新教育体系，加大对实验室建设、课程研发和师资培养的投入，进一步加强与国内外科研机构和高校的合作，拓宽学生的国际视野，为培养更多适应时代发展需求的创新人才贡献力量。在新时代的教育浪潮中，清华附中的科技创新教育将继续发挥引领作用，为我国的科技创新人才培养作出更大的贡献，助力国家在科技创新领域取得更辉煌的成就。

六、青年教师科技创新教育探索实践

在清华附中的科创教育舞台上，一群青年教师以创新为笔、以实践为墨，书写着育人育心的时代乐章。他们打破传统教育的边界，将现实问题转化为创新课题，把跨学科的知识编织成思维网络，用温情陪伴学生的成长之路。在培养科技创新能力的同时，他们更注重塑造学生健全的人格，让科技创新与人文关怀在教育实践中交相辉映。

1. 扎根现实沃土，培育创新思维

教师们深谙，真正的创新往往源于对现实问题的敏锐观察与深刻思考。

波音航空航天实验室的居重艳老师，面对学生“设计垂直起降倾转多旋翼、固定翼飞机缓解北京交通拥堵”的大胆设想，没有简单地否定，而是以专业的视角，敏锐地捕捉到其中蕴含的创新价值。她鼓励学生以“研究者视角”观察世界，引导学生将看似天马行空的想法，转化为可探索的科学问题。同样，重庆山火的伤痛激发了学生的责任感，居老师顺势引导，促成了“基于翅葫芦种子仿生学的野火预警无人机”项目。培养学生从生活痛点中挖掘课题的能力，这种做法让学生学会了用科学的眼光审视世界，为创新思维的萌芽提供了肥沃的土壤。

计算机高研实验室的白鑫鑫老师，秉持“以问题为导向”的教育理念，鼓励学生从兴趣出发，成为解决问题的“创变者”。高 19 级学生张翰宸与敬博浩因为对 AlphaGo（阿尔法围棋）的好奇和对传统棋类文化的热爱，自主研发出“藏棋久棋机器博弈平台”；杨文嘉关注校园防疫需求，开发出“社交距离监测系统”。

生命科学高研实验室的国家恺同学也是如此，他看到农田里的番茄因感染灰霉病而减产，由此受到启发，开发出基于胶原蛋白水解物的新型抑制剂，获得北京市科技创新大赛一等奖并斩获单项奖——科技筑梦创新奖。

这些案例生动地证明，青年教师通过引导学生关注现实，成功点燃了学生心中的创新火种，让创新不再是遥不可及的梦想，而是触手可及的实践探索。

2. 打破学科壁垒，构建知识网络

科技创新项目的复杂性决定了其对跨学科知识整合的需求，青年教师们主动打破学科界限，为学生构建了融合的知识体系。

上述张翰宸与敬博浩自主研发的“藏棋久棋机器博弈平台”，不仅涉及计算机科学领域的蒙特卡洛树搜索与深度强化学习算法，还融合了民族学教授、非遗传承人的专业知识。白鑫鑫老师在指导过程中带领他们将古老的藏棋文化与现代计算机技术相结合，打破了学科与文化间的壁垒。此项目不仅斩获了全国计算机博弈赛第四名，更让濒临失传的少数民族棋种焕发新生。

“基于翅葫芦种子仿生学的野火预警无人机”项目涉及仿生学、流体力学、电子工程等多学科知识，居重艳老师鼓励学生自主拓展知识边界。学生为了验证翅葫芦种子的气动性能，自学了计算流体力学软件，还托朋友从海外寄来了标本。在这个过程中，教师是资源的提供者，助力学生跨越学科障碍，实现知识的融会贯通。这种由问题驱动的跨学科学习，让学生深刻体会到知识的整体性与关联性，有效提升了学生综合运用知识解决复杂问题的能力。

3. 从构想到实践，贯通创新链条

科创教育的教师特别注重引导学生经历从构想到实践的完整创新过程，让学生在实践中深化对科技创新的理解。

负责全校科技创新教育工作的谭洪政老师介绍说，清华附中一直重视科技创新教育工作，尤其重视学生的实践环节，学校将2013年成立的创客空间的教育目标定位于“动手造万物，人人皆创客”，鼓励初中生动手实践，做原型机；将与美国托马斯·杰斐逊科技高中于2015年联合成立的高研实验室的教育目标定位为“实验求真，创新无界”，鼓励高中生在导师的指导下进行实验的构思、设计、实施、验证、分析、总结，最终完成一篇科研论文，做一次科研汇报。

居重艳老师强调：“科技教育不是纸上谈兵，而是源于生活、服务生活的实践过程。”在她指导的飞行器设计项目中，学生不仅完成了方案构思，更通过3D建模、小型样

机测试等环节，将创意逐步转化为现实；野火预警无人机项目历经数十次原型测试和迭代优化，完整地呈现了“设计—实践—测试”这样一个持续改进的全过程。

付静老师的“净水挑战”课程，将课堂与西北“母亲水窖”污染治理的现实需求紧密结合。学生化身为工程师，调研水质数据、搭建监测系统、优化净水流程，用实际行动诠释知识的应用价值。一个学生在日志中写道:“滤芯寿命每延长一天，就能为干旱地区多守护一窖清水。”答辩会上，团队用数学建模的手段优化了净水流程，甚至模拟出了沙尘环境测试设备的稳定性。

这些实践项目让学生深刻地认识到，科技创新不是纸上谈兵，而是需要通过不懈努力，将想法转化为现实的解决方案。在这个过程中，学生的实践能力得到了充分锻炼。

4. 倾注人文关怀，塑造健全人格

科技创新教育的意义，远不止于知识的传授与技能的培养，更在于对学生人格的塑造与心灵的滋养。

在海淀区人工智能实验班，教师们既是知识的传授者，更是学生成长的陪伴者。尽管班里有的学生学籍没转过来，还存在课业冲突等问题，但他们通过趣味破冰、团队建设和体育比赛等活动，增强了班级的凝聚力。例如，对于学习有困难的学生小马，教师会耐心开导，帮助其找到合适的学习进度，后来他从编程“小白”成长为课堂积极分子；对于面临家庭困境仍坚持学习的学生，教师则给予鼓励与支持——小黄同学在父亲病重期间坚持线上学习，在集体的温暖中，他最终在“生成式人工智能挑战赛”中带队获奖。这些温暖的陪伴与引导，让学生在人工智能学习的道路上不断成长，展现出扎实的技术功底和对人工智能原理的深刻理解。班主任汤文坤老师感慨道:“教育是用耐心与爱，陪伴学生跨越山海，静待蜕变。”

白鑫鑫老师认为，实验室的终极目标是赋予学生超越技术的高阶能力——创新思维、坚韧不拔的品质、幸福感。在高 23 级学生刘雨澄持续研究植物的过程中，白老师不仅给予了技术指导，还用“设计思维”引导学生用同理心理解别人，与不同领域的人合作。此外，项目探索中的心流体验还可以增强学生的自我效能感，让学生在失败中学会坚持，在合作中理解彼此。这种人文关怀的融入，让学生在科技创新的道路上，不仅收获了知识与技能，更塑造了健全的人格。

当居重艳老师看着学生设计的飞行器划过北京夜空，当付静老师带领学生制作的净水装置在甘肃村落静静运转，当白鑫鑫老师的学生在毕业典礼上谈到“这里教会我如何像科学家一样思考”时，这些青年教师正在书写中国科技创新教育的新范式。清华附中的青年教师们，以教育者的情怀与智慧，在科创教育的道路上不断探索前行。他们用创新的理念激发学生的潜能，用实践的方式锤炼学生的能力，用温暖的关怀滋养学生的心灵。当学生们带着在科技创新教育中培养的创新思维、实践能力与健全人格走向未来时，我们看到的不仅是个体的成长，更是未来科技创新的希望与力量。

七、数学家孙斌勇院士的清华附中岁月

从当年清华附中理科实验班上的青涩学子，到如今活跃在学术中心的中国科学院院士，孙斌勇作为清华附中的资深学长，是教育体制改革创新的亲历者和受益者。1993年，当时的国家教委（现教育部）发出《关于试办三年制高中理科实验班的通知》，委托清华大学等高校与其附属学校创办“三年制高中理科实验班”（学制三年，主要涉及数学、物理、化学、生物、信息等学科），共同探索中学教育与大学教育衔接培养的问题。“三年制高中理科实验班”的目标是：培养德、智、体全面发展，在理科方面有突出优势的优秀中学生，为造就科学技术方面的杰出人才奠定坚实的基础。光阴荏苒，“理科实验班”已是30多年前的校史记录，而当年的创新探索却与当下“拔尖创新人才培养”遥相呼应，并提供了宝贵的经验。

2024年，孙斌勇站在未来科学大奖的领奖台上，台下掌声雷动。作为中国科学院院士、国家自然科学奖得主，他在“典型群无穷维表示论”等领域的突破性成果，已成为数学界的标杆。无论是攻克“典型群重数一猜想”，还是破解“Theta 对应理论”中的系列难题，抑或是2017年成功证明“L- 函数非零假设”这一困扰学界多年的国际难题，都印证了他在数学深海中不懈探索的非凡勇气与卓越智慧。回望他的成长之路，清华附中理科实验班如同一片自由肥沃的土壤，播下了他的数学梦想，塑造了他独特的学术品格，涵养了他乐观自信的性格。

1. 课件实验班，“学霸”的福音

1976年，孙斌勇出生于浙江舟山的普通农家。受父亲的言传身教，他自幼热爱学习，数学天赋在小学时便崭露头角，初中时他的成绩更是稳居年级第一。1993年，凭借出色的成绩，孙斌勇考入清华附中首批理科实验班，开启了人生中至关重要的高中时光。在这里，虽然课程设置与普通高中相似，但“保送生”的特殊身份让他摆脱了高考的枷锁，得以在自由宽松的氛围中探索自己热爱的领域。

清华附中为理科实验班量身打造的“学术盛宴”，彻底点燃了孙斌勇对数学的无限热情。顶尖的校内师资与校外专家轮番上阵，各类学术报告接连不断，为他打开了一扇通往奇妙数学世界的大门。为了办好三年制高中理科实验班，清华附中聘请了吴文虎、关治、张三慧、徐功华等十多位清华大学的知名教授到校任教，任课教师把科研方法和学科前沿知识渗透到中学的课堂教学中。理科实验班多由教授自编或自选实验教材。高三开始没多久，孙斌勇就开始钻研大学数学教材，那些复杂的公式和理论，非但没有成为他前进的阻碍，反而化作他探索未知的动力。课余时间，他沉浸在平面几何的世界里，不仅疯狂刷题，还自创题目，享受思维碰撞的快感。这段看似“无用”的自由探索时光，不仅坚定了他投身数学专业的决心，更锤炼出他独立思考与创新突破的能力，为他日后在学术研究中不断打破常规、提出创见埋下了伏笔。

孙斌勇的高中生活充实且多彩。他坦言，除了学习，在体育运动上花费了最多时间。每天下午，孙斌勇都和同学去运动场尽情挥洒汗水，享受运动带来的快乐与活力。最让他印象深刻的是经常和同学一起在圆明园跑步的经历。英姿勃发的少年们用脚步丈量着这片承载着厚重历史与文化的土地，在奔跑中感受历史的沧桑变迁。这不仅是一场酣畅淋漓的运动，更是一次与历史文化的深度对话，这种人文滋养在潜移默化间拓宽了他的视野，加深了他的文化底蕴。长期的体育锻炼不仅强健了孙斌勇的体魄，更塑造了他坚韧不拔的意志和团队协作精神。

离家千里求学，孙斌勇的成长离不开老师的细心关怀与引导。提及班主任解巨钊老师，孙斌勇脸上立即绽放出幸福的笑容，仿佛瞬间回到那段纯真而美好的岁月。那些在解老师家中围坐吃饭、对弈畅谈的温馨画面，在运动场上与老师并肩奔跑、打球嬉戏的欢乐场景，构成了他高中记忆中最温暖的片段。这种亦师亦友的关系，给予了孙斌勇充分的尊重与关爱，让他在轻松愉悦的氛围中成长。

2. 追求真理的愉悦

如今的孙斌勇，在学术领域深耕多年，收获累累硕果，却依然保持着少年般的纯粹与乐观。他的眉眼间总是洋溢着温和的笑意，几句简单的话语就能让他嘴角上扬，露出整齐的牙齿，让他看起来比同龄人年轻许多。“没有超过自己能力的期望，就不会有压力”，这种豁达的心态贯穿了他的整个学习和工作生涯，让他在面对数学研究中的重重困难时，始终保持沉稳心态，一步一个脚印地稳步前行。

面对清华附中的学弟学妹，孙斌勇院士真诚地分享道：“学习要追随兴趣，深耕真正有价值的知识。不要被眼前的考试成绩所束缚，多思考对长远发展有益的事情。做科研没有捷径可走，必须脚踏实地地阅读文献，从基础做起，一点一滴积累知识。AI或许能在理解知识上提供帮助，但核心知识体系，仍需自己一步一个脚印地构建。保持耐心，别着急，期待厚积薄发的时刻。”

回望过去，清华附中理科实验班自由开放的教育模式，注重引导的教学理念，以及丰富而充实的学习生活，不仅为孙斌勇打下了坚实的数学基础，更塑造了他独立探索、乐观向上的品格。这片自由厚实的沃土，见证了一位懵懂少年成长为数学领域中坚力量的过程。如今，孙斌勇以卓越的学术成就闪耀于学界，这不仅是对那段青葱岁月最好的回应，更为无数追梦者照亮了前行的方向。

八、高研实验室助力我的科研梦想成真

文 / 初 12 级、高 15 级学生　陈廷翰

作为清华大学的附属中学，重视科学研究是清华附中鲜明的办学特色，科学教育更是清华附中的使命与责任。学校依托高研实验室设置的高研实验班，构建了丰富的科技课程体系，为学生搭建了一个实现科学探究的高端科学研究平台。本文作者在清华附中就读期间，从一起重大的社会新闻中找到了科研方向，并在高研实验室得天独厚的研究环境中一步一步让梦想成真……

2012—2018 年，我就读于清华附中。中学时代，我便对科学研究产生了浓厚的兴趣，这份热爱促使我在 2015 年加入了清华附中的高研实验室。2017 年，我有幸成为“英才计划”学员，跟随北京航空航天大学郭林教授学习。课余时间，高研实验室成了我探索知识的乐园，我沉浸其中，尽情遨游。

1. 梦想萌芽：社会新闻触发科研梦想

2015 年，天津港特大火灾事故震惊全国，100 余名消防官兵英勇牺牲，举国悲痛。在深入了解到事故的详细情况后，我得知，在火场中，众多消防官兵并非因外科烧伤失去生命，而是吸入大量热空气，致使呼吸道严重灼伤，从而危及生命。当时的降温装置存在诸多缺陷——体积与重量庞大，需要外接电源，并且还得将冷端放在特定环境中，无法让消防员随身佩戴，常用的防毒面具又不具备预防吸入性热损伤的功能。这一残酷现实深深刺痛了我。

清华附中的老师一直鼓励我们走出校园、关注社会。正是在这种理念的熏陶下，我对这类关乎生命安全的现实问题格外敏感，内心瞬间燃起了探索解决办法的渴望。学校给了我独特的视角，让我能从生活细微处挖掘有价值的研究课题，激发出创新灵感，我的科研梦想就此萌芽。基于课内所学知识，我萌生了通过材料相变吸热解决这一难题的想法。

2. 成长蜕变：多方助力成就科研成果

面对火场高温气体降温这一棘手难题，我没有退缩。在研究陷入困境时，化学高研实验室的袁劼老师伸出了援手。袁老师拥有材料学科背景，他从物质的熔点、毒性、潜热等多个维度为我提供指导，引导我深入思考。在袁老师的指导下，我明确了以石蜡作为主要相变材料的研究方向。这个过程既展现了清华附中教师的专业素养，也体现了学校对培养学生解决实际问题能力的高度重视，为我的研究照亮了前行的方向。

科研之路比我想象的要坎坷很多，模拟火场实验时，向石蜡吹高温气体的结果并不理想。关键时刻，高研实验室老师鼓励我报名参加中国科协的“英才计划”。通过这个项目，我联系到北京航空航天大学的郭林教授。在郭教授的帮助下，我利用石墨高导热、多孔的特性，制备出石墨－石蜡复合材料。高研实验室还为我联系到清华大学的实验室进行设备测试，提供精准数据。老师们还鼓励我在各类平台展示成果，锻炼表达能力。

在高研实验室的全方位支持下，我成功研发出用于火场逃生、救援的便携降温救援呼吸装置，并申请了发明专利。从社会意义的层面来看，我的研究成果为消防救援领域提供了新的装备思路，有望在未来为消防员及火场被困人员提供更安全的保障，减少因吸入高温气体导致的伤亡情况，具有极大的实用价值。

我的“消防用感应控温维生呼吸器”项目在第 32 届全国青少年科技创新大赛中脱颖而出，一举斩获一等奖以及大赛的最高奖——中国科协主席奖。这一成果不仅得到了海军和消防等部门的关注，还获得了央视新闻的报道，我也成了《英才》杂志的封面人物。

我能够获得这一成果，离不开清华附中的培育。学校搭建的高研实验室平台，使我能够投身科研实践，培养创新思维与实践能力；教师凭借专业知识，引导我运用理论知识解决实际问题。学校还积极整合社会资源，为我们创造了丰富的学习契机与展示的舞台。附中的老师不仅为我指引了前进的方向，也是我最好的朋友。他们在我开心时与我一起分享喜悦，在我心情低沉时与我共渡难关。在此，我衷心感谢他们长久以来的陪伴与大力支持。

3. 精神传承：附中的经历为我照亮科研征途

在推进这个项目的过程中，我收获颇丰。不仅加深了对课本知识的理解，还第一次近距离接触到高校和科研机构的实验室工作，极大地拓宽了视野。

后来，我顺利考入北京大学，就读于生命科学学院。大学期间，我积极组织并参与社会实践活动，先后奔赴陕西汉中、四川盐源等地进行实地调查，找寻自然保护区人地冲突与生态文明建设相关问题的答案，取得了丰厚的成果。大二时，我加入北京大学生物医学前沿创新中心汤富酬老师的实验室，从事癌症用药和治疗相关工作。作为北京大学 2022 级博士生，我在科研的道路上不断深耕，持续探索未知领域，延续着从中学时代就点燃的科研梦想。

如今，我已成为一名科研工作者。在研究方向多次转变、尝试屡遭失败的艰难时刻，清华附中高研实验室赋予我的发现问题、思考问题、解决问题的能力，以及直面科学难题的勇气，支撑着我坚定前行。清华附中的科技创新教育，为我未来的发展筑牢根基，这一教育经历在我的科研生涯中持续发挥作用，激励我不断突破自我，在科研的道路上勇攀高峰。

九、我用 AI 为机器开启新“视界”

文 / 初 23 级学生　徐冰瑶

人工智能是新时代重大的科技创新机遇，也是当下最为重要的科技发展趋势之一。在清华大学和海淀区教委的支持下，清华附中面向海淀区开设人工智能实验班，开展人工智能拔尖创新人才早期培养，探索人工智能教育从基础教育到高等教育的有效衔接。本文作者作为首届海淀区人工智能实验班的学生，叙述了自己在人工智能领域，从业余爱好到深入探究，结合实际应用获得初步成果的过程。

我是首届海淀区人工智能实验班的学生徐冰瑶。我与人工智能的缘分，始于 2023 年 8 月那个看似平凡的一天。

1. 点燃兴趣，初窥 AI 天地

我自小学习单片机、Arduino 硬件知识，但是对 AI 的认知仅仅停留于“阿尔法围棋”在赛场上的卓越表现，以及“小冰”“小爱同学”等这类常见的聊天机器人。怀着对未知的好奇，我报名参加了海淀区人工智能实验班的入班考试。在备考中，我才惊奇地发现人工智能的应用领域远比我想象的要广阔很多。智能家居、无人驾驶路线规划、人脸识别等前沿技术，都离不开AI的强大支撑。这一发现，如同星星之火点燃了我内心深处对人工智能的浓厚兴趣。

于是，我预习了神经网络、向量机等一系列与人工智能紧密相关的知识，迫切地想要深入了解这个领域。幸运的是，我如愿进入了人工智能实验班。在这里，我遇到了一群和我一样对AI满怀热忱、志同道合的伙伴，更有幸遇到了耐心帮助和指导我们的老师。

北京的8月末，暑气未消，我与同学们常常在解题过程中热得满头大汗，却依然乐在其中。每成功解开一个难题、攻克一道难关，我心中的疑团便豁然开朗，眼前的世界变得更加明亮，心中充满光亮和希望。

9月，我踏入清华附中的校园，加入了学校的人工智能社团。在课堂上，我了解到AI的最新进展，前沿的技术和创新的理念不断拓宽着我的视野。与此同时，每周六在人工智能实验班的学习，也让我在机器视觉、程序设计、数学思维等方面积累了丰富的知识。

2. 课堂内外，实践出真知

对于人工智能方面的学习，我并没有停留在书本和课堂上。学校为我们精心安排了丰富多彩的实践活动，让我们在亲手操作中将所学知识融会贯通，做到学以致用。

夏校期间，我们运用AIGC技术，仅仅使用文字描述就能生成精美的图片，并通过猜想来判断AIGC作品能否通过图灵测试；冬令营里，我们学习“网络爬虫”程序、聚类算法和最优化算法，解决了日常生活中常见的旅行规划问题。这种学以致用的快乐像种子一样在我心中生根发芽。在团队合作中，我们通过激烈的思想碰撞和大量深入的讨论，孕育出一个个充满创意的迷你项目。这些宝贵的实践和锻炼机会，不仅提升了我的动手能力和团队协作能力，更为我日后开展真正的课题研究奠定了坚实的基础。

此外，学校还组织了一系列外出参观和聆听大师讲座的活动，为我们打开了一扇扇通往更广阔世界的大门。在中国电信博物馆，我了解了通信的历史和奥秘，感受着科技的变迁；走进清华校园，我近距离接触到了当前最先进的研究成果，仿佛触摸到了科技发展的脉搏；探访腾讯总部时，我目睹了数据可视化在生活中的广泛应用和巨大价值；而钟宁院士关于 AI 的社会应用讲座，更为我描绘了一幅未来便捷生活的美好图景。每一次活动都让我的视野不断拓展，知识的浪潮正向我奔涌而来，这种力量让我热血沸腾。

在众多学习内容中，我迷上了机器视觉这个领域。短短几十行图像处理的代码，就能让计算机轻松学会“找不同”；提取轮廓代码调整参数后，计算机甚至可以根据照片创作出不同风格的素描作品；定位脸部关键点后，实时添加贴纸标签也变得轻而易举；借助前人开发的库文件，系统可以捕捉实时视频，并制作出有趣的互动游戏。在第二个短期研学项目中，我们又独立利用边缘计算机自己动手制作了可以自动驾驶的智能车。通过编写程序，我们能让小车利用自带的摄像头识别赛道，即使在全新的、未经训练过的赛道上也能自如地行驶。在这样一门具有挑战性的课程中，我还和小伙伴们一起比拼速度，参加积分赛。我在学习中渐渐发现，机器视觉如同赋予了电脑一双人类的眼睛，让它能够感知并处理所看到的一切，这一神奇的技术让我深深着迷。

3. 钟情视觉维度，攻坚机器视觉

在AI的引领下，我对知识的渴求被彻底唤醒，心中萌生出一个大胆的想法：我要用代码为AI打造一双真正的“眼睛”，为它开启全新的“视界”。

在一节视觉识别课上，我接触到了谷歌推出的MediaPipe。这个功能强大的库，不仅可以让电脑精准定位出图片中手的位置，还能细致地识别出手部的各个小关节。这意味着，生活中一切需要用手表达的信息都可以被识别和归类。我和朋友深受启发，一拍即合，想出了一个兼具实用性和便携性的项目选题——利用手势识别的基本算法，实现自动测视力的功能。

确定选题后，我们和谭洪政老师一同梳理了项目的基本环节和步骤。为了能够达到自动测视力的目标，代码必须包括3个关键部分：通过展示图片，呈现随机指向的视标；运用MediaPipe-Hands识别手的指向；根据指向的正确性调整下一次展示视标的大小。如此循环往复，最终测出准确的视力值。

我们首先着手编写判断手指指向的模块。原以为有了MediaPipe-Hands库的支持，就能迅速解决问题，然而实际操作时，我们却遇到了各种意想不到的困难。MediaPipe的安装和使用像一座大山拦在我们面前。这是一个国外的库文件，无法采用常规的路径直接安装。我们尝试了数十次，不断更换路径，反复调整参数，终于安装成功。而捕捉视频流、调整识别灵敏度、调取关键点坐标等步骤，虽然已经编写成函数可供调用，但网络上的教程不够准确清晰，各种漏洞层出不穷，让我们几乎丧失信心。

关键时刻，老师们及时出现，详细讲解了 MediaPipe 的使用方法和函数的调参技巧，使我们得以摆脱困境。在厘清算法思路后，我们编写代码的速度明显加快，很快就完成了判断手指指向的函数代码。

接下来是展示视标的环节，我们选用了之前学习的 Tkinter 和 Opencv 工具。然而，初步的代码却出现了严重的问题：程序陷入死循环，视窗无法正常关闭，频繁开启的视窗导致内存溢出，内核崩溃。面对困难，我回忆起机器视觉课程中关于 cv2 使用的讲解，于是使用官网上的课程回放，重新自学相关知识并不断进行调试。那几天，我茶不思、饭不想，一有时间就扑在代码测试上。功夫不负有心人，经过不懈努力，我们终于把展示视标的问题解决了。

4. 感恩同行，团队协作绽光芒

在合并了判断指向和展示视标两部分后，我们进入了内测阶段，目的是调试各项参数，比如视力的初值、视标每次缩放的比例，以及缩放后视力的计算方法等。我们邀请了人工智能实验班的其他同学帮忙进行内部测试。刚开始，由于参数不够准确，测试结果忽高忽低。但同学们没有嘲笑我们团队，而是聚在一起帮我们梳理细节，一起计算最优解。

在经历了数天的测试和修改后，我们欣喜地发现，系统的检测结果与他们在权威系统检测的结果极为相近。他们还提出了一些宝贵的建议，比如可以增加语音提示功能，来提醒用户应该挡住哪只眼、使用哪只手指向、是否指到下一个试标以及距离是否合适等。这些看似简单的功能增加后，不仅提升了大家的使用体验，还增添了趣味性。

当最终版的自动测视力系统完成时，大家的脸上都洋溢着喜悦的笑容。这个项目的成功，凝聚了我们每一个人的心血，是班里同学齐心协力的结果。我们历经了一次次的挫折与失败，又在一次次解决问题后共同欢呼庆祝，这些经历无疑是我们成长道路上最宝贵的财富。

我不会忘记在最艰难的时候，老师给予我们的关键指导；不会忘记在项目构思阶段，朋友们对我们的鼓励和支持；更不会忘记在最后的测试阶段，同学们不厌其烦地帮助我们进行测试、调试参数，这些无私的付出让我感受到了团队的温暖和力量。

后来，我们申报了科技创新大赛，并顺利进入了终评环节。对我而言，这个项目不是终点，而是一个全新的起点。有了这次科研实践的经验，我将在自己热爱的机器视觉领域继续探索，不断创新思考，在持续完善这个项目的同时，还要深入研究机器视觉在生活中的应用，争取为人工智能的发展贡献自己的一份力量。

对我而言，人工智能实验班如同为我打开了一扇通往科技奥秘的大门，让我拥有了一双能够洞察未来的眼睛。科技发展的广袤海洋在我心中从此有了清晰的模样。同时，我也用自己的热爱，为 AI 赋予了视觉，让机器拥有了感知世界的能力。未来，我将在人工智能的道路上继续奋发前行，创造出更多造福人类的可能。

第六章

艺术教育

——为优雅人生奠基

正如苏霍姆林斯基所说：“美是一种心灵的体操——它使我们精神正直、心地纯洁、感情和信念端正。”艺术教育正是塑造美好心灵的关键一环。清华附中以社会主义核心价值观为引领，弘扬中华美育精神，坚定文化自信，秉持“丰盈内心，创生智慧”的美育理念，坚持“五育并举”，全面发展素质教育，努力培养“求真、向善、尚美、健体”的一代新人，为学生的优雅人生奠基。

如今，清华附中的艺术教育成果斐然。学校在艺术教育的征程中，不断开拓创新，砥砺前行，为学生打造了一个又一个精彩纷呈的艺术学习与实践平台。

一、筑牢根基，构建专业管理体系

进入 21 世纪，艺术教育在国家教育战略布局中的重要性日益凸显。《全国学校艺术教育发展规划（2001—2010 年）》率先绘制蓝图，为新世纪初期的艺术教育发展明确了方向与目标。此后，《教育部关于推进学校艺术教育发展的若干意见》《关于全面加强和改进学校美育工作的意见》《中小学生艺术素质测评办法》《教育部关于切实加强新时代高等学校美育工作的意见》《关于全面加强和改进新时代学校美育工作的意见》等政策接连出台。它们不断强化学校美育的育人功能，致力于将艺术教育深度融入学生全面发展的教育体系，使艺术教育不再孤立，而是与各类教育协同共进，滋养学生的心灵，为培育全面发展的时代新人奠定坚实基础。

清华附中迅速响应国家号召，将艺术教育置于学校工作的关键位置，并纳入行政例会与教育工作计划之中。学校高度重视人员配备、时间规划、经费保障，以及艺术教育工作计划的切实落地与有效施行。

在人员方面，学校构建了完善的组织机构。校长方妍担任组长，副校长白雪峰（时任）、徐文兵出任副组长，组建起强有力的领导团队。同时，学校积极吸纳专业能力强、经验丰富的音乐教师和美术教师，为艺术教学注入强大的师资力量。例如，清华附中艺术教育办公室主任鞠红，作为北京市特级教师、海淀区名师工作站音乐学科导师组长，在音乐教学领域成果丰硕，有着深厚的专业造诣和丰富的教学经验；高山老师是一级教师，荣获海淀区优秀“四有”教师标兵及“育人先进个人”称号，在教学实践中展现出卓越的教学能力和育人智慧。这些优秀教师的会聚，为艺术教学提供了坚实的人才保障，确保了教学活动的顺利开展。

在管理体系建设上，学校建立了系统、完善的艺术教育档案与资料库，完善教育评价制度，把政策落实情况、学生艺术素质测评结果等关键指标纳入教育评估范畴，实现对教育质量的精准把控。通过对学生艺术素质测评数据的分析，学校能够及时察觉教学中存在的问题，进而调整教学策略，提升教学成效。

二、多维育人，打造美育课程体系

清华附中精心打造了面向全体学生的三级美育体系。

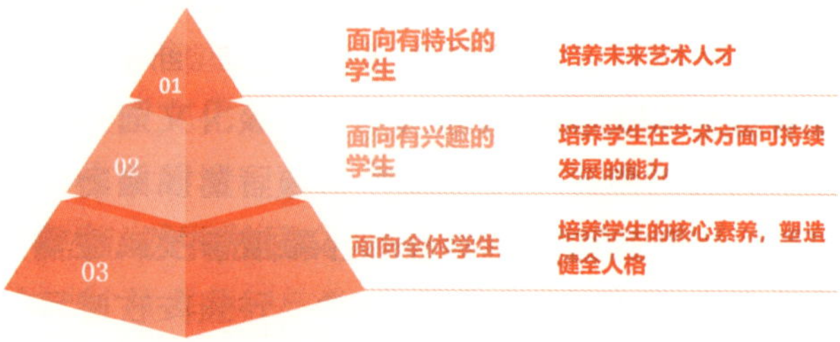

在日常教学中，学校注重培养学生的核心素养，塑造健全人格。老师们通过生动有趣的课堂教学，引导学生深入探索艺术的奥秘，感受艺术的魅力，在潜移默化中培养学生的审美能力、创新思维和人文精神。例如，在美术课堂上，教师通过对经典画作的赏析，让学生学会从不同角度观察作品，理解作品背后的文化内涵和艺术家的创作意图，从而提升学生的审美鉴赏能力。以梵高的《向日葵》为例，教师引导学生观察画作中鲜艳色彩的运用，感受梵高对生命的热爱与激情，体会其独特的艺术风格，激发学生对艺术创作的兴趣与热情。

课外艺术实践则为学生提供了一个将理论知识与实际操作相结合的广阔平台，引导学生在实践中深化对美的认知，培养他们在艺术方面的可持续发展能力。学校组织了丰富多彩的艺术实践活动，如参观艺术展览、参与社区艺术活动等，让学生在亲身体验中感受艺术与生活的紧密联系，激发学生对艺术的热爱和追求。每年学校都会组织学生参观中国国家博物馆、中国美术馆等举办的各类展览，学生可以近距离地欣赏古今中外的艺术珍品，拓宽了艺术视野，加深了对不同艺术风格的理解。

艺术社团作为三级美育体系的顶端，为有特长、有兴趣的学生搭建了一个尽情施展才华的绚丽舞台，激发他们的创作潜能，为培养未来艺术人才奠定坚实的基础。社团活动形式多样，涵盖音乐、舞蹈、绘画、戏剧等多个领域，学生们在社团中相互学习、相互交流、相互启发，共同成长进步。

学校通过日常教学、课外艺术实践以及艺术社团活动构成的三级美育体系，从多个维度提升学生的审美能力和人文素养，切实落实立德树人的根本任务，助力学生全面成长，形成完整育人链条。

艺术课程是清华附中综合性课程体系的重要组成部分。学校积极探索多元化的艺术教育形式，结合国家课程标准与学校课程体系特色，开发出了面向全体学生、面向有兴趣的学生、面向有特长的学生的三级艺术课程体系，为学生成长与学校发展开拓了广阔的空间。

学校的艺术教育办公室结合国家新课程标准的要求，在完成初高中国家艺术课程教学任务的同时，深入了解学生的选课需求，充分挖掘每一位教师的专业优势，开设了多类别、多层次的校本选修课程。音乐课程内容丰富多样，涵盖音乐鉴赏、合唱、歌唱、演奏、音乐与舞蹈、音乐与戏剧、音乐创作等模块；美术课程同样精彩纷呈，全面开设初高中美术鉴赏，以及初高中素描、速写、色彩、版画、水彩风景、葫芦艺术、文玩鉴赏、书法欣赏与实践、摄影鉴赏与实践、纸雕塑等模块。

2024 级学生在选修课程的过程中，超过 80% 的学生选到了心仪的艺术课程，充分满足了学生个性化发展的需求。凭借本校师资就能够开齐全部模块的课程，这在北京市并不多见，彰显了清华附中艺术教育团队的专业实力与教学水平。学校通过艺术课程，充分发挥艺术教育的人文性、审美性和实践性，培育学生的社会主义核心价值观，提升学生的核心素养。

三、全面浸润，开展多种艺术实践

在艺术教学和艺术实践中，清华附中坚持面向全体学生，确保每一位学子都能沐浴在美育的阳光之下。秉持普及与提高并重的原则，学校开展了“四团两社”及协会活动，各类艺术活动能够覆盖全校各年级，学生参与度高达100%，此举极大地提升了校园艺术氛围和学生艺术素养。

为让艺术融入校园生活，学校先后成立了金帆民乐团、混声合唱团、童声合唱团、女生舞蹈团、男生舞蹈团、管弦乐团、音乐剧社和电声乐队。其中，金帆民乐团不仅是学校美育教育的闪亮名片，更是学校传承中华优秀传统文化的核心力量。多种形式的艺术实践让每一个孩子的人生因艺术而不同。

1. 校级学生艺术团：艺术之光闪耀校园

艺术团作为学校艺术教育的重要窗口，以学生的兴趣为出发点，注重个性发展、艺术实践，鼓励更多的学生参与其中、受益其中，进而成为班级文化建设的骨干，推动学校艺术活动的开展，传承高雅艺术与团队精神。艺术团培养出众多品学兼优的学生，为清华大学、北京大学、复旦大学等重点高校及艺术院校输送了大量全面发展的优秀人才。同时，学校积极参与北京市、海淀区的艺术活动，屡获市区教委表彰，艺术教育成果丰硕。

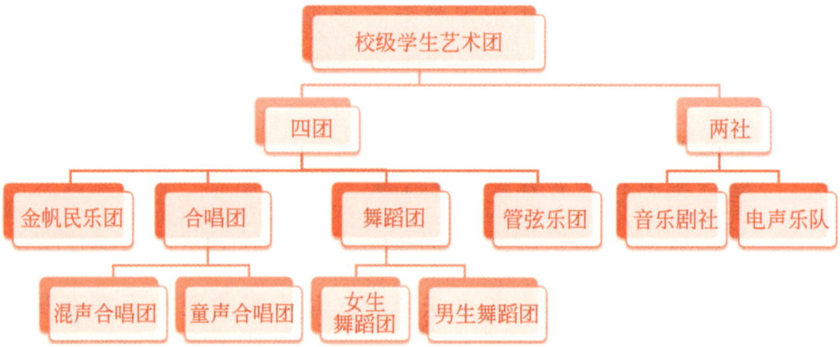

成立于 2002 年 11 月的金帆民乐团，经过 20 多年的发展，已成为一支声部建制齐全、有自己演奏风格和近 30 首自创作品的学生民族管弦乐团。乐团由方妍校长担任团长，白雪峰副校长（时任）担任副团长，胡军老师担任乐团办公室负责人、驻团作曲、常务指挥，同时外聘韩学周等 20 多名德艺双馨的民族音乐专家担任指导工作。建团以来，乐团连续 11 届获得北京市教委举办的“北京市学生艺术节展演”金奖或一等奖，13 次获得国际艺术节金奖，展演行程近 40 万公里，足迹遍及亚洲、美洲、欧洲和大洋洲，共组织出访、专场、慰问和社区等演出 130 余场，为近 26 万名中外听众展现了我国优秀的传统音乐文化。在一次国际文化交流活动中，乐团演奏了极具中国民族特色的曲目《春江花月夜》，悠扬的旋律、精湛的演奏，让国外观众沉浸其中，赢得了长时间的热烈掌声，充分展示了中华优秀传统文化的独特魅力。

合唱团成员均为零基础的普通高一新生，但在鞠红、贺晓宇、高山等老师的悉心指导下，他们成长迅速，在市、区学生艺术节合唱展演中屡获佳绩，共获得26次金奖。合唱团不仅在艺术赛事中表现出色，还承担了庆祝中华人民共和国成立70周年、中国共产党成立100周年、清华大学建校110周年等重大活动的演出任务，并出访多个国家进行文化交流。在2024年的一次国际文化交流活动中，合唱团的同学们以精湛的表演，赢得了国外观众的高度赞誉，充分展现了中华文化的魅力。在学校内部的校庆、教师节、毕业典礼和学生节等大型活动中，合唱团也发挥着示范引领作用，带动校园形成浓厚的艺术氛围。许多合唱团成员毕业后，依然保持着对艺术的热爱，在各自的领域继续传播艺术的种子。

2015年百年校庆期间，男生舞蹈团在鞠红老师与高13、高14级学生的共同努力下成立，成员均为零基础学生。从最初的青涩到如今的成熟，成员们付出了大量努力。他们通过日复一日的艰苦训练，在市、区级比赛中多次荣获金奖。在2023年的市级舞蹈比赛中，男生舞蹈团凭借精彩的表演征服了评委，荣获金奖。舞蹈团还多次出国交流，传播中华优秀传统文化。舞蹈团的经历让成员们深刻体会到坚持与团结的力量，实现了从普通学生到优秀舞者的蜕变。

2022年9月成立的管弦乐团，致力于让学生在演奏中感受艺术之美，提升文化素养。在指挥王金峰老师的指导下，学生们通过排练不同风格的作品，积累合奏经验，增强对多元音乐文化的理解。在一次校内演出中，管弦乐团演奏了经典曲目《命运交响曲》，气势恢宏的演奏赢得了全校师生的热烈掌声。这次表演不仅展现了学生们的艺术水平，更体现了他们团结协作的精神。

音乐剧社成立于2003年，源于鞠红老师开设的高中校本课程“音乐剧赏析与表演”。剧社设有表演组、演奏组、舞台美术组及宣传策划组，学生依据自身特长与兴趣参与音乐剧创作。课程作为教育部重点课题“戏剧教育的育人功能及实施模式研究”的实践载体，推动了学校构建双重戏剧教育模式，开展学科交叉实践。2016—2017年，“音乐剧赏析与表演”课程走向国际，成功推出中美青少年大型音乐剧《成长的脚步》专场演出。剧社每年都会推出专场演出，曾演绎法语版音乐剧《钟楼怪人》、英语版音乐剧《悲惨世界》等经典剧目，参与的学生众多。2012年，剧社原创音乐剧《梦娃娃》的演出反响热烈。20多年来，音乐剧课程和剧社为热爱戏剧的学生提供了发展空间，影响了许多学生的职业选择，不少毕业生投身传媒、戏剧表演等相关行业。剧社多次参加市、区文化艺术交流活动，成绩突出，曾荣获“海淀区十佳学生艺术社团”等称号，深受学生喜爱。

清华附中电声乐队的成员们充满了活力与激情，他们各有所长，因音乐梦想而相聚在一起。在校园的各个角落，都能听到他们的音乐。春天，他们在操场上用原创歌曲为即将奔赴考场的学子加油助威；夏天，他们在学生节的舞台上尽情展现青春活力；秋天，他们会在诗会上用旋律传递祝福；冬天，他们又会在专场音乐会上释放一年的热情。他们的音乐为校园生活增添了绚丽的色彩，传递着青春的正能量。

2. 学生自治艺术类社团：自主成长的艺术天地

学生自治社团是提升中学生综合素质的重要平台。清华附中以兴趣为导向，组织学生开展自主管理与活动。目前，学校共有七大类90多个学生社团，其中艺术类社团有近20个。这些社团为学生提供了拓展知识、开阔视野、提升能力的机会，学生们在社团活动中相互交流、协作，一步步实现自主成长。

自治社团中，偶像研究社、劲舞团、清辞丽剧话剧社、吉他社、Blockbuster 动画社（热门大作动画社）等备受学生们青睐。以成立 10 年之久的偶像研究社为例，它由一群热爱“LoveLive！”（爱马演唱会！）的学生创立，社团名称就源自该动画中的偶像社团。在繁重的学业之余，社团为学生打造了一方惬意的放松天地。在这里，大家可以尽情地沉浸在喜爱的动画世界里，与志同道合的伙伴热烈探讨二次元的相关话题，让心灵得到充分休憩。社团每学年都会举办一次专场演出，成员们穿上漂亮的服装，在舞台上自信满满地展示自己，并与台下的观众互动。2020 年 11 月 27 日下午，学校报告厅内灯光璀璨，音乐动感十足，偶像研究社的专场演出吸引了 200 多名观众前来观赏。现场，观众们沉浸在精彩的表演中，与演员们一同感受二次元文化的独特魅力，尽情享受艺术与青春碰撞的奇妙体验。

有不少学生表示，自从加入了自治社团，原本内向的性格变得开朗自信起来，艺术让他们找到了人生的新方向。家长也忍不住向学校反馈，“看到孩子在学校艺术教育的熏陶下，不仅提升了艺术素养，学习成绩也更稳定了，我们非常欣慰”。

3. 学生艺术活动：艺术绽放的多彩舞台

成功的艺术教育离不开丰富的艺术活动。清华附中以弘扬中华优秀传统文化、培养爱国主义精神为指引，开展了特色群体展示与交流活动，并巧妙地将艺术与其他学科融合，举办跨学科艺术展演。诸如一年一度的校庆系列活动、教师节庆典、诗意盎然的中秋诗会、庄重肃穆的纪念“一二·九”运动革命历史短剧展演、充满趣味的英语短剧比赛、意义非凡的成人仪式、活力四射的校园十大歌手比赛、创意无限的校园原创歌曲大赛、欢乐洋溢的学生节、激情澎湃的艺术节班级合唱比赛，以及庄重的毕业典礼等活动，已然成为学校极具辨识度的文化名片，深深烙印在每一位师生的心中。

在2024年的校园原创歌曲大赛中，学生们创作了多首风格各异的歌曲，用音乐表达了对生活的热爱、对梦想的追求，充分展现了他们的艺术创造力与青春风采。同年，纪念“一二·九”运动89周年活动以“同圆中华复兴梦，热血奔涌青春时”为主题，17个班级的剧目分四大篇章进行。学生们用精巧的构思、多样的表现手法、丰富的舞台演绎形式和精湛的演技，再现了巍巍中华崛起的英雄史诗——从五四运动的激情澎湃，到抗日战争的艰苦卓绝；从新中国成立的壮丽篇章，到改革开放的波澜壮阔……他们的表演带领全场观众走进那些激情燃烧的岁月，感受那些为国家、为民族、为理想而奋斗的热血青春，体悟豪迈深沉的民族气节与激荡昂扬的爱国斗志。这些活动以艺术实践为依托，让学生获得了多元的情感体验。学生们在参与活动的过程中，综合素质与审美能力得到提升，正确的价值观在心中生根发芽。

艺术教育承载着“人的教育”这一神圣命题，是文化教育不可或缺的重要部分。它对学生提高审美修养、丰富精神世界、培养创新意识、促进全面发展具有重要作用，深刻体现了“百年树人”的深刻意蕴。清华附中的艺术教育愿为学生打开艺术世界的窗口，引领他们懂得欣赏美、学会创造美，在艺术教育中体验到成长的幸福，为学生的优雅人生奠基。

四、报之以歌——艺术与我的中学时代

文 / 初 17 级、高 20 级学生　霍芊一

清华附中秉持普及与提高并重的原则，面向全体学生开展“四团两社”及协会活动，极大地提升了校园的艺术氛围和学生的艺术素养。合唱团成员均为零基础的普通高一新生，但在附中教师的悉心指导下，成员的艺术素养和专业能力得到了迅速提升。清华附中合唱团在市、区学生艺术节合唱展演中屡获佳绩，共获得 26 次金奖。本文作者作为合唱团成员，叙述了自己如何在清华附中的舞台上逐渐成长，让自己始终保持对艺术的热爱，进而步入大学的殿堂，最终开启新的艺术人生的过程。

高中刚开学时，学校里的混声合唱团要选拔新成员。我们被带到音乐楼教室，围着钢琴一个个排队唱“大海啊大海，是我生长的地方”。那时我还不知道这里将对我产生怎样的影响，只记得我的高音像崴了脚一般颤颤巍巍，可老师还是让我在名单上写下了自己的名字。

1. 歌有魂

依稀记得第一次合唱排练是在一次数学考试后，我垂头丧气地抱着谱子走向音乐楼。那天的曲目是《夜空中最亮的星》，由于这是同学们熟悉的旋律和歌词，所以大家很快学会了这首歌。合唱团的指导老师是鞠老师，她提议将窗帘拉起来，大家在黑暗中打开手电筒，随着音乐的节奏缓慢摇摆。音符流转，星光跳动，迷茫在繁星中消散，取而代之的是一种温暖的力量。恍惚间，眼前的繁星逐渐模糊，我看见了自己，看见了诗和远方。

当时，我们的排练常常以龚琳娜老师的“动物发声法”开始。通过模仿不同动物的声音，我们的声音与头腔、胸腔形成共鸣，与大自然融为一体。高音区的演唱，对我来说总是十分困难，在高音来临前，我便会猛吸一口气，蓄势待发地准备“一冲云霄”，这种做法往往会导致不和谐的效果。练歌时，鞠老师除了强调发声技巧，还会带我们一起揣摩歌曲的情感基调。在排练歌曲《再别康桥》时，为了唱好“在康河的柔波里”这一句，她为我们描述了波光粼粼的河面和随着水流轻柔漂动的水草，帮助我们通过想象，控制声音的强弱快慢，让和声温柔地流到每一个人心里。当唱到“在星辉斑斓里放歌”时，她的双手会从低处猛然抬起，在空中划出一道宽广的弧线，双臂之间仿佛有星河在流淌。顷刻间，大自然中一切美丽的事物仿佛都汇聚在她的指间。我幡然领悟，在合唱中，音乐的感受力与表现力比技巧更重要。情感不能强求，歌曲应该是情感真诚的表达。那时我无比确信，我们的歌声是有灵魂的。

2. 感受爱

校园里，鞠老师就像一盏灯，始终温暖着我们。课堂上，她耐心细致地讲解；生活中，她悉心温柔地聆听。她那和蔼可亲的模样，认真负责的态度，让我们心里涌起一股亲切与依赖的感觉。不知不觉间，大家都发自内心地喊她“鞠妈”，这个称呼承载着我们对她深深的爱。

鞠妈是我眼中的超人，亮黄色的上衣和一缕紫色的头发让我总能在各种各样的活动中一眼找到她。那时的我觉得她身上的能量是无穷的，即使在录音棚里待到凌晨，即使四处奔波到疲惫不堪，她也能调动起大家的情绪，带着我们一路欢歌。她的身上有一种时刻能够歌唱的力量。

在鞠妈的带动下，我有幸跟随合唱团参加了多次文艺活动，与龚琳娜老师同台演唱《行路难》，在清华园录制清华大学 110 周年校庆视频，为庆祝建党 100 周年录制歌曲《追寻》的宣传视频，并与伙伴们在海淀区艺术节一起获得了金奖。之后我们又组建了音乐剧社，在更加灵活的艺术形式里，唱着各个角色的爱恨情仇。

在高中学业压力最大的那段日子里，音乐楼像是我精神的庇护所。它慷慨地、毫无保留地拥抱着我的迷惘与脆弱，引领我看向生活的另一种可能性，让我暂时逃离了对那不确定未来的烦忧。合唱教室的窗外是川流不息的中关村北大街，黄昏时分，夕阳的余晖从窗子溜进来。我和伙伴们在这里享受着高中生活的短暂闲暇，为克里斯汀的连续高音而尖叫，也为爱而不得的艾潘妮而流泪，在不知不觉中，走过了 3 个春秋。

3. 不忍别

毕业后，我们在报告厅迎来了音乐剧社的毕业演出——《悲惨世界》。舞台上，有仁慈坚韧的冉阿让、命途多舛的芳汀、在法与情间痛苦徘徊的沙威，还有一个忘记时间、忘记自己的我。我记得那场演出好像过得很快，“尾声”之后是返场演出，接着鞠妈上台讲话，我们谢幕，观众退场，然后我的中学生活就这样画上了句号。

在这6年里，我所有的爱与被爱，都随着歌声，迎来了盛大的落幕。

我记得朋友们匆忙地合影留念，穿梭在后台收拾服装道具，而我痴痴地看向舞台的上场口，伫立在流动的人群中间。6年前，我站在这里第一次参加十大歌手的决赛，听见主持人叫我名字时，手里的话筒还在不住地颤抖。这6年里，我无数次从这里出发，并有幸在这个舞台上遇见了一群可爱的热爱艺术的伙伴。这里承载着少年最纯净的初心和最真挚的渴望。

那晚，我们又回到音乐楼，唱起了《再回首》《再别康桥》《夜空中最亮的星》，过往的点点滴滴如在眼前。零点的音乐教室里，曾经的歌被一遍遍重温，我们也目送着朋友一个个离开。我不知道要唱多少首歌才能留住那天的夜，也不知道自己如何才能走出那间教室，与中学时代那个心怀纯粹热爱的自己正式作别。

凌晨一点半，我盯着学校的大门在身后缓缓关闭，与鞠妈拥抱作别。她拍着我的背，在耳边轻轻地说：“会幸福的。”那时的我不知道怎样才算是幸福，毅然决然地把青春岁月里所有的美好都留在了那道门里，走向一片崭新未知的世界。

4. 艺相随

大学阶段，我留在了北京，选择了与艺术毫不相关的经管类专业。如今，我不会再为考砸一场数学考试而哭鼻子了，但我还是热爱唱歌，热爱舞台，热爱与艺术相伴的每一个瞬间。大学的课堂上，微观经济学告诉我如何以理性的视角看待社会，而音符和乐章教我以感性的视角触摸生活，感受生命的律动。

这时我才明白，爱艺术的人是会幸福的，热爱生活的人是会幸福的。是附中的艺术教育和每一位在美育岗位上引导我们的老师，赋予了我感受爱、感受美、感受幸福的能力。音乐剧里的人性纠葛，合唱中的情感共鸣，表演时的真情实感，帮我打开视野，成为一个有情怀、有温度的人；使我在面临职场困境与人性考验时，能够超越眼前的狭隘，捍卫人之为人的尊严；使我在那些身处低谷与困境的时刻，也能坚定地拥抱生活，报之以歌。

岁月悠悠，百十华诞，而我所能参与的不过是 6 个春秋。感恩母校对一个热爱艺术但专业不精的年轻人的厚爱，感恩她给予我曾不敢登上的舞台，让我在有限的时间里触摸生命的无限可能。祝福母校，祝福附中，也祝福每一个把生活唱成歌的人。

五、漫漫研学路，以美育心灵

文 / 美术教研组　裘昀

“国际视野”是清华附中的办学理念之一，这一理念在学校的艺术教育上也得到了充分体现。清华附中将艺术教育置于学校工作的关键位置，并纳入行政例会与教育工作计划之中，通过各类教学活动贯彻落实，其中“国际美术研学”是清华附中美术艺术教育的一大特色。通过本文作者的叙述，我们可以感受到清华附中如何在开放创新的教学实践活动中，引导学生深入探索艺术的奥秘，感受艺术的魅力，并在潜移默化中培养学生的审美能力、创新思维和人文精神。

我时常翻阅电子版的日常工作手记与相册。这时，一张张和学生在国际机场的合影便会映入我的眼帘，使我的脑海中浮现出美术研学旅途中的一幕幕景象，心跳也随之渐渐加速……

亲爱的同学，
我们一路不断见证艺术与热爱，
愿你看过再多风景，眼眸依旧如初清澈，热爱依旧让你动容。
亲爱的同学，
没有一条路无风无浪，
会有孤独，会有悲伤，也会有无尽的希望。
亲爱的同学，
这一程短暂却又漫长，
而一切终将汇聚成最充盈的景象。

就此告别吧，身后的道路逐渐远去，
每个恋家的孩子，都要扬帆启航。
说声再见吧，美好的梦境不会消散，
你的爱枕在臂弯，心底便毕生柔软。
既然相遇是种来自时光的馈赠，
那么离别时，也一定要微笑着，把回忆放于心中。
生命无限渺小，却又无限恢宏，
愿艺术的美好一直与你同在，
也感恩有缘的人们与我们一路相伴。

这是在一次国际研学的归途上，我写下的一段文字，在行程即将结束时，我坐在大巴车上对着车载话筒，心情忐忑地读给了我的学生。我不知道这些日常记录下来的感想会得到怎样的回应，但我很想说与他们听，即使很多次迎来的是高中学生特有的、仿佛能听见心跳的沉默。让我没想到的是学生们一反平时上课或活动时的沉默乖巧，爆发出雷动的掌声，久久不息。当我放下手中的话筒，再望向他们时，看到的是绽放的笑脸、微红的眼圈。后来，很多学生也受到感染，激动地发言。回京后，我又接到很多学生的作品，看到他们在微信朋友圈中仍在不断回味这次旅行。前辈老师们常说“静待花开”，起初我不以为然，现在才真切地感受到，那些花儿原来已在不知不觉中静静地开放了。

1. 用整体思维构建国际研学美育课程

在开学之初的日常专业课教学中，我会对假期的国际研学美育课程进行整体设计，帮助学生打好美术史论的基础。设计的内容包括中外艺术史的对照及脉络梳理、重点名作的鉴赏、重要艺术家的介绍……在假期出行前的先导课上，我会重点介绍将要到达的地点和研学写生的创作方法，并引导学生先期规划自己的研学创作方向，准备好需要的相关画具。当行程开始后，我会结合实时的见闻，在车程较长的时候，给学生们介绍目的地国家的整体概况，尤其是历史文化、艺术史脉络。我还会利用零碎时间和学生们分享鉴赏东西方建筑与壁画的心得以及与作品相关的轶事，向他们介绍世界各地的手工艺品以及进行艺术创作的方法和经验。我会以跨文化的视野构建国际研学美育课程体系，将艺术史的时空坐标融入日常教学。行前的专项指导课犹如创意孵化器，能指导学生绘制个性化创作的思维导图，让研学的每一里程都成为流动的美学课堂。

2. 艺术研学与文化互鉴

泰晤士河畔的雨雾还未散尽，我看见美术班的张笑溪在河边拿起手绘板速写，她熟练地选用着水彩画笔，用变化的线条与色彩展现出伦敦的街景、各类雕塑和建筑，以及街边公园的小动物……她记录着自己看到的景象和感受到的自然与文化气息，先直观地记录点状的图像，并速写出感知到的关键词，再将这些图文按照自己的思考融合在一起，形成以英国城市印象为主题的图画。她在图中凝练道："穿行在英国的城市里，体验传统与现代的交融，仿佛能看到北京传统建筑发展的另一种方向——古代建筑与现代建筑并存，人与动物自然地和谐共处。"

记得一次在圣安德鲁斯海边收集创作素材时，李旭涵同学和她的好朋友们在一起感受海风与自由的气息。她在海边拍了很多漂亮的照片，还在泰特不列颠美术馆给喜爱的画作拍了细节图。回到驻地后，她利用这些素材，用手绘和拼贴的形式进行美绘思维图创作。将错落有致、富有质感的电子素材拼贴在一起，并配上简洁的文字，最终完成了图绘。她在精选的图片素材和我们合影的照片边写道："海边的风很大，天很晴，我想我会永远记得这一刻。"

在那次英国之行中，如追光少女般热情的马煦雯得到了新的昵称"小马姐"，她与裴千乐（昵称"裴神"）、白雨童（昵称"白鱼通"）的人物速写各具特色。几位同学平时擅长表现人物，以人传情，传神达意，她们绘制了同伴的身影、当地人的精神风貌，以及研学时的自画像。在旅途中，学生们不断发现，不断交流，不断思考。王意和张欣宜用手账的形式记录了英国的红色双层巴士，创作出城市巡游图，写下大英博物馆里有关中国瓷器的思索、英国维多利亚时期的艺术成就与艺术家们的故事，等等。张靖雯有感于英国工业革命时期的各种变迁，创作了视觉传达设计作品；冯子杰在参观过华威城堡后，设计了风格独特的原创骑士铠甲。学生们用不同风格的作品描绘出自己的所见所闻、所思所悟。这些都记录在了《行走的画笔》艺术研学系列成果展中。这些作品打破了思维定式，以多元的艺术形式呈现个性化的创意表达。学生们还将一些研学时的画作赠予了司机师傅、当地负责接待的老师和很多帮助过我们并与我们结下情谊的人们。

之前参与过附中国际艺术研学活动的高 19 级美术班的学生王泽坤、窦一宁、陈婞媛在 2024 年的寒假里，牵头组织了清华大学赴法国和意大利调研文化遗产保护与交流互鉴支队。整个活动完成得很成功，不仅传播了中国文化，达到了交流互鉴的目的，还获得了清华国际青年对话活动的最佳展示奖。这些内心丰盈、拥有家国情怀和国际视野的青年学子走向世界，又回归内在，无论身在何处皆是中华文明的守护者和传播者！

3. 美绘思维启迪心灵

我一直认为这个时代的艺术，很重要的一个作用是抚慰心灵，让人的内心丰盈，拥有锐意创新的力量。教育的真谛或许就藏在水洗画笔的那泓清水里——不是要磨平个性的棱角，而是让每个灵魂都能在这样清澈的天地间认识到自己的特点和优势。当我们学会用“不完美”的笔触勾勒世界的本来模样时，那些生长的纹路里，自会显现生命最初的诗意。在这个过程中，时间、环境、内驱力等皆是产生原创力的重要因素。初始的内驱力来自爱与信任，使我们无论什么时候都具有热爱生活的信念。与此同时，我也在不断地反思学习过程中，感知到来自教与学的力量与温度。我认为自己的逻辑思维需要不断地迭代，并由此想到了一个可以平衡感性和理性的支架——美绘思维。这种思维让感性和理性在同一个时空中碰撞并存，呈现出不同维度的感知与探讨，给学生很多抓手与参考，使他们能够设计路线，用自己擅长的方式到达要去的地方。

“美绘思维”是我受到广义思维导图理论与实践的影响，在美术教学与创作实践中形成的一种新的教学思路。“美绘思维”旨在运用多种思维工具进行创作、构思，或将艺术的观点与理念用可视化的形式表现出来；使用多种绘画形式和风格、拓展思路，迅速形成基于主题的多元认知与拓展，提炼关键词句记录瞬时的体验或灵感，使学生的艺术思维与审美体验得到多元化的发展与提升。“美绘思维”不只是一幅图，而是感知图、精细图、凝练图，是整合自构和互构的过程。重视过程中的所得和过程的可视化，使课程学习变得既有个性又有趣味，不但凝聚了智慧，而且能产生创意。

愿我们永远是东西方文明的摆渡者，用画笔在时空中架设理解的桥梁。在这些丰富的国际艺术研学成果中，多幅作品入选了北京市海淀区的“美术学业评价与教学指导”和国家新版美术教材教参用图，还有多幅作品在美术赛事中获奖。有时望着身边正在尝试不同创作方式的学生们，我仿佛看见无数的火种，正在年轻的生命里生生不息……

每逢寒暑假，在清华附中美术研学的路上，可以收获很多。博学多才的李红星老师会带给学生们精彩纷呈的各类美术专题讲座；精通摄影与美术史的李秋实老师会带给学生们丰富的课程；擅长油画、喜爱古典音乐的关君老师会伴着乐声娓娓道来艺术的故事；幽默风趣的赵兴华老师会深入浅出地讲解雕塑的精髓；赵滋老师会富有亲和力地介绍版画的魅力；夏爽老师则耐心地指导每一位学生，以中国画的美感慢慢影响他们。这一路有太多的精彩与感动，我们一起出发，或许同路，或许守望相助。

美育从来不是技巧的驯化，而是让每个生命都能在文明的长河中，借助思维的力量，照见自己。这些带着东方智慧走向世界的少年，终将成为人类文明交响乐中最动人的乐章，最美丽的色彩。

六、纪念“一二·九”运动革命历史短剧展演活动

文 / 思想政治教研组　于洺

戏剧教育能以直观有效的方式使人产生感同身受的情感体验，从而对人们施加社会、政治、道德、审美等多方面影响，最终产生综合的教育效果。因此，清华附中很重视戏剧教育，把戏剧教育作为实施人文素质教育、思政教育的重要载体，作为培养学生的创新精神、文化解读能力和艺术综合运用能力的重要手段。清华附中每年开展的传统爱国教育活动——纪念“一二·九”运动革命历史短剧展演，由校团委策划，艺术教育中心教师团队进行全程指导，以班级为单位成立剧组，全班参与。整个短剧策划演出历时3个月，分为5个主要阶段。本文作者是学校团委工作负责人，对清华附中这一独特的思政教育活动进行了完整的介绍，也呈现了学校美育与德育的完美融合。

以美育人、以文化人，培养和塑造高尚、自由、完整、全面的人，是美育的出发点，也是归宿点。做好美育工作，要坚持立德树人，扎根时代生活。2023年秋天，作为思政

课教师的我开始兼任清华附中团委书记。从思政课到思政教育，时空范围更广，活动形式和可用的资源也更加丰富，我开始思考如何从学校共青团工作层面增强思政教育的引领作用和穿透力，美育工作为我提供了丰富的实践场景。

1. 入场：叙事场景宏大的党史学习教育

清华附中纪念“一二·九”运动革命历史短剧展演活动是学校一项具有20余年积淀的品牌思政活动。从2003年起，每年的初冬，高一年级的各个班级都会组建自己的剧组，演出一部15分钟左右的革命历史短剧。从前期研究到剧本撰写，从选角排演到服化道准备，历时一个多月，呈现出一台附中“年度大戏”。

“革命历史短剧”其实不只有革命史，十几个班的短剧主题串联起来，勾勒出的是一幅中国近代史的画卷。2023年，短剧的主题包括《新生》(五四运动)、《寻路》(中国共产党的诞生)、《井冈的女儿》(土地革命)、《薪火赤花》(“一二·九”运动)、《赤底黄芯》(抗日战争)、《光亮》(解放战争)、《寒夜破晓》(中华人民共和国成立)、《不朽》(抗美援朝)、《夙愿》(两弹一星)、《改革之路 人民之歌》(改革开放)、《回家》(港澳回归)、《杯莫停》(“一带一路”)、《村播喜事》(乡村振兴)、《续梦》(“双奥”之城)、《青山》(平安中国)、《坑中人》(文化强国)、《北斗》(科技强国)，组成了“浴火前行”“风雨无阻”“激流勇进”“锦绣前程”4个版块。2024年，我和筹备团队的学生在剧目主题上做了一点创新，各班抽到的主题不再是一个词，而是一幅画。我用一些经典美术作品展现党史，其中既有大家比较熟悉的《启航——中国一大会议》《红军过雪山》《地道战》等，也有不太熟悉的《机车大夫》《千年土地翻了身》《为了每一名同胞》等。

对于广大师生来说，来到报告厅观看各班的演出，是一个“入场”的过程。一是走进了一个更宏大的场景——历史的叙事场景，在时光的长河中感受那激情燃烧的岁月；二是走进了一个沉浸的场景，和演员一起来到了那个事件当中。这就如同去电影院看电影，灯光熄灭，我们其实就走进了屏幕，走进了影片讲述的那个故事，仿佛你就站在角色的身边。

2. 入境：深度走进那时那事那人

班里的每个人（包括班主任）都为这一出十几分钟的演出付出了极大的心血，其中最辛苦的莫过于编剧、导演和演员，因为他们需要深入了解时代背景和人物故事，去揣摩、去分析、去建构、去表达。这个过程，是走近、走进革命历史的过程。他们，入境了。

曾有一个抽到“乡村振兴”主题的班级，第一次排演呈现的是这样一个故事：一位驻村干部，推进的改革得不到乡亲们的理解和支持，又得知母亲因病去世，工作与生活的打击让他难受不已，但他选择仍然坚守岗位，不断努力。这是一个具有象征意味的故事，我相信有很多驻村干部有过一样或类似的经历，他们的忘我精神值得我们称赞学习，但我总觉得少了些什么。我和编剧同学聊：“希望你们了解一下现在乡村发展到底遇到了哪些问题，更多的驻村干部是怎样工作、怎样解决这些问题的。”第二版剧本及演出让人眼前一亮——《村播喜事》讲述了一个大学生回乡和乡亲们一起开展农产品直播、又在村党支部的支持帮助下解决了物流等问题，乡亲们的农产品畅销了，收入增加了，幸福生活开启了新的篇章。在这个过程中，学生们真正入境了，从旁观者变成了亲历者。

3. 入情：推进思政教育入脑入心

当同学们入场、入境之后，便开始了入情。我总能看到台上台下有人热泪盈眶，我相信这感情是真挚的、热忱的。因为在这里，个人的情感与角色的情感联动，个人的生活与历史的事件链接，个人的感知与思考也化为实践的意志与行动，这是一个思政教育入脑入心的过程，而戏剧的参与、美育的浸润恰是这一过程发生的土壤。

我们的剧目讲述的是新中国制造第一辆火车时的故事。我饰演的是一名普通的工人，这个角色虽然平凡，但他背后的故事饱含深情。在排练的日子里，我仿佛穿越回了那个时代，与那些为了国家工业崛起而默默奉献的工人并肩作战。每一次排练，都是情感的洗礼。（高 24 级学生郭佳乐）

我们的剧目是“激流勇进”篇章的《开荒牛》。排练场上、聚光灯下、舞台上，同学们就是勇于创新、敢想敢干的小牛犊。大家团结一心，群策群力，我们歌颂改革开放的先行者，不仅用激情与青春书写深圳精神，更是对祖国的深情祝福，对未来发出的宣告：向着幸福，向着阳光！（高 24 级学生何晓溪）

学生们展现的风采是闪亮的，留下的回忆也是闪亮的。与纪念“一二·九”运动革命历史短剧展演相呼应的戏剧活动还包括音乐诗画剧《我愿以身许国》（纪念“两弹一星”功勋科学家）、学科戏剧《数学之王》（致敬新中国数学家）。这些戏剧实践，以中华优秀传统文化、革命文化和社会主义先进文化为力量根基，让美育的情感熏陶与思政的价值引领形成互补，构建了一种“大思政”育人格局。

清华附中纪念“一二·九”运动革命历史短剧展演，

以戏剧为载体，赓续红色血脉。这里有对历史的缅怀，有对人物的致敬，更有一种精神的接力。一届届附中学子用他们青春的热情和创意，演绎出百年征程的波澜壮阔和历久弥坚，也将肩负起党和祖国赋予的时代使命，为实现中华民族伟大复兴贡献青春力量！

第七章 无体育，不清华

在2024年巴黎奥运会的女子马拉松决赛赛道上，中国选手夏雨雨的身影格外引人注目。2021年东京奥运会，杨倩在射击赛场勇夺首金，还有跳水冠军施廷懋、女篮国手韩旭、田径健儿王宇……这些闪耀在奥运舞台上的体育健将，都有一段共同的求学经历——就读于清华附中。

清华附中缘何能为国家输送如此众多的顶尖体育人才？这背后，离不开其在体育育人领域的不懈努力。在教育事业蓬勃发展的时代浪潮中，体育育人已成为全面育人的关键一环。清华附中凭借深厚的历史底蕴、先进的教育理念和卓越的实践成果，在体育育人领域独树一帜，为国家中小学体育教育事业树立了卓越典范，为培育全面发展的社会主义建设者和接班人贡献着关键力量。

一、传承优秀体育传统，筑牢体育育人根基

清华附中的体育育人体系植根于清华大学深厚的体育传统。1912 年，中国近代体育先驱马约翰入职清华，并于 1926 年开创性地提出“体育的迁移价值”理论，他指出：“体育可以培养人的勇敢、坚持、自信心、进取心和决心，这些品质会迁移到人的全部生活中。”这一理念在清华附中得到了创造性的转化。1957 年，清华大学校长蒋南翔提出了“为祖国健康工作五十年”的口号。这一口号宛如一声激昂的号角，在清华园乃至整个教育界久久回荡。这一口号不仅激励着一代又一代清华人积极投身体育锻炼，更将个人的健康与国家的建设紧密相连，赋予了体育育人更为深远的时代意义。20 世纪 80 年代，时任清华大学党委书记陈希提出“育人至上，体魄与人格并重”的理念，进一步明确了体育在教育中的重要地位。

在这样的文化熏陶下，1986 年，清华附中设立了马约翰体育特长班（简称“马班”），开启了对体育特长生培养模式的大胆探索。“马班”肩负着培养具有较高文化素养的高水平运动员的重任，将体育育人理念全方位融入日常教学与训练，为清华附中体育育人事业奠定了坚实基础。

2014年，清华大学校研会体育部提出“无体育，不清华”的理念。这一理念在清华附中也逐渐深入人心。秉持着这一理念，清华附中始终坚定不移地践行“体魄与人格并重”的体育育人理念，致力于通过体育教育塑造全面发展的优秀人才。学校深知，强健的体魄不仅是学生学习与生活的坚实保障，更是培养坚毅品格、锤炼顽强意志的重要途径。

在日常教学中，教师注重引导学生深刻理解体育的价值，鼓励学生在体育锻炼中挑战自我、突破极限，培养不屈不挠的毅力和勇于拼搏的精神。学校通过举办各类丰富多彩的体育活动，将这些理念传递给每一位学生，使体育精神成为校园文化不可或缺的核心部分。

“马班”由清华大学与清华附中合办，招生面向有体育特长、有培养前途的中学生。其办学目的在于探索“体教融合”的课余体育训练新模式，培养兼具高文化素养与高水平竞技能力的学生，为高校高水平运动队输送优秀的生源。“马班”传承马约翰先生的体育精神，坚持“育人为中心，突出学生个性，发展学生特长和潜能”的办学理念，为有体育天赋的学生提供广阔的个性发展空间，形成了初中、高中、大学选拔输送一体化的办学特色。2015年，学校与清华大学体育部共建“学生运动员培养基地”，实现了训练设施、教练资源、科研支持的全面共享。

“马班”将学生定位为“学生运动员”，明确首要身份是学生，其次才是运动员，中学教育阶段着重培养基本素质，而非塑造专业人才，因而夯实文化课知识基础关乎他们一生的发展。在校期间，“马班”学生与普通学生一同接受文化课教育，课后开展专业训练，训练结束后继续学习。同时，“马班”鼓励学生全面发展，积极参与短剧展演、合唱比赛等，培养综合素质。学校在选拔人才时，极为重视深度挖掘学生潜力，并非仅看其当下成绩，而是进行综合考量，并据此为学生制定清晰的职业规划与定位，力求充分发挥个人运动潜能，达成育人与培养高水平运动员的双重目标。曾在2018年雅加达亚运会获得男子跳高金牌的王宇就曾感慨："如果没有在'马班'磨砺的这几年，就很难有现在的我，也没有现在的这些兄弟姐妹，附中的文化课学习对我的成长至关重要，是我人生成长过程中宝贵的财富。"

在对运动队的管理方面，附中专门设立了"马班"办公室，委派专门人员对体育特长生的学习、训练、思想教育等多方面事务进行管理和监督，并由两位专职体育教师担任"马班"班主任的工作。学校制定了《清华附中马约翰体育特长班管理规定》《宿舍管理规定》《外出训练的管理规定》以及《违反〈马约翰体育特长班管理规定〉扣分细则》等，这些措施对管理学生起到了很好的作用。严格的管理取得了较好的效果，学生既能在训练上全身心地投入，又能认真踏实地学习文化课，在全面发展的基础上突出了个性特长。

二、加强体育特色优势，彰显体育育人实力

多年来，清华附中在体育育人方面成绩斐然，体育教学和群众体育工作得到了很大发展，还培养出众多优秀人才，在国内外赛场上屡获佳绩，为国家赢得了荣誉。

“马班”曾设有田径、跳水、游泳、击剑等多个运动项目，根据清华大学招生要求，重点聚焦田径、篮球（男、女篮）、射击、足球四大项目，为国家培养了大批高水平运动员。截至目前，“马班”已为高等院校输送678名优秀学生运动员，其中289名进入清华、北大深造。共培养44名运动健将（含11名国际级运动健将），429名一级运动员。

田径队作为清华附中的王牌队伍之一，在全国中学生锦标赛中多次夺冠，并代表中国中学生在国际赛事中屡创佳绩。自1986年起，田径队培养出20名运动健将（含3名国际级运动健将）、102名一级运动员，为清华、北大等高校输送70余名运动员，为重点高校输送270余人。在2001年世界中学生田径锦标赛上，“马班”学生王颖在女子标枪项目中，凭借出色的技术和稳健的发挥，以55.64米的成绩夺冠，打破了赛会纪录，展现出强大的实力。

篮球项目的男子篮球队和女子篮球队同样成绩卓著。男子篮球队自 1999 年成立以来，累计赢得中国高中篮球联赛 14 次冠军；女子篮球队自 2000 年组建以来，累计荣获 8 次冠军。男、女两支队伍在全国范围内备受瞩目。篮球项目共培养 234 名一级运动员和 9 名运动健将（含 1 名国际级运动健将）。毕业生发展前景广阔，不仅有机会进入顶尖高校深造，还能加入中国男子篮球职业联赛（CBA）、国家队、国奥队、国青队等国家级篮球队，或前往海外继续篮球运动生涯。在 2018 年全国高中篮球联赛总决赛中，清华附中男子篮球队面对实力强劲的对手，在比赛胶着时刻，队员们凭借日常训练积累的默契配合和顽强的拼搏精神，在最后时刻实现逆转夺冠，彰显了卓越的团队协作精神和过硬的竞技水平。

足球项目虽成立较晚，但发展迅速。自 2016 年组建以来，配备中外教练 14 人（韩籍 7 人、中籍 7 人），已培养 57 名一级运动员。近 3 年，足球队伍在地区赛事中多次夺冠，已向职业队输送 4 名球员，并培育出 10 名具有国家队经验的学生。

射击队自 2000 年组建以来，培养出众多优秀人才，其中有 31 名一级运动员、15 名运动健将（含 7 名国际级运动健将）。在这些优秀人才中，孙鑫是“马班”的第一个国际级运动健将，刘天佑在多哈亚运会上为中国代表团获得首金，高霆捷是首届“青奥会”冠军，李佩在射击联合会世界杯分站赛中夺金并参加了伦敦奥运会，杨倩则在东京奥运会上收获中国队的首枚金牌。这些成绩的取得，充分彰显了清华附中体育育人的强大实力，展现了清华附中为国家竞技体育事业发展所做出的重要贡献。

三、夯实育人根基，完善师资队伍与课程体系

1. 卓越的师资团队

清华附中对体育师资的遴选与重视，从源头上为体育育人筑牢了根基，打造出一支素质高、专业精的体育师资队伍，为体育育人提供了坚实有力的支撑。

在普通体育教师的选拔上，清华附中有着严苛的标准。应聘的教师不仅需具备体育教育相关专业的本科及以上学历，还要在专业技能、教学能力等方面展现出过人之处。这些专业过硬的教师入职后，充分借助学校浓厚的体育氛围，开展丰富多彩的社团活动，对学生进行体育文化熏陶和技能训练。为持续提升普通体育教师的专业水平，学校定期组织体育教学基本功大赛、定时备课、师徒结对等活动，促进教师之间的交流与学习，不断提升教师专业水平。

“马班”的训练团队具有多元化的结构，包括全职教练、外聘专家及医疗保障人员。国内教练团队平均学历基本达到硕士水平，具备扎实的专业知识和丰富的教学经验。以田径项目为例，教练团队由清华附中 2 名教练和清华大

学 7 名教练组成，他们充分利用清华大学的训练设施与雄厚师资，为学生提供高水平的训练指导。例如，清华大学田径教练姚永光，曾是优秀的田径运动员，获得过全国田径锦标赛铅球冠军，退役后投身教练事业，拥有多年丰富的执教经验。他在清华附中的训练中善于根据学生的身体条件和运动天赋，制订个性化训练计划，帮助众多学生在田径项目上取得重大突破。

2. 完善课程设置

清华附中构建了金字塔式体育课程体系，以满足不同学生的需求，助力学生全面发展。

首先，立足课堂，夯实基础。学校将日常体育课作为学生获取运动技能、增强体质、树立体育品格的主阵地。高中设置了体育模块教学，涵盖田径、体操、足球、篮球、排球、乒乓球、羽毛球、武术、民族传统体育、攀岩等项目，丰富了教学内容；初中严格执行北京市过程性考核评价系统。学校认真落实每天锻炼一小时的要求，学生每天上午、下午两次课间操绕操场跑道跑步三圈，每人每天达到 2000 米运动量，促进五育并举，实现五育融合。

其次，通过多元发展，追求卓越。学校搭建多元体育平台，开设体育普修课、选修课及体育校本课程，组建多个体育项目普通生校代表队和各类体育社团，满足学生个性化发展需求，让每位学生都能在体育活动中找到舞台，释放运动潜能，收获自信与成长。学校每年定期召开两次运动会——春季综合性田径运动会和秋季趣味运动会（体育艺术节）。在体育艺术节上，采用以班为单位的形式进行比赛，让每名学生在全校师生面前进行表演，全校学生都能参与其中。另外，冬季还举行 400 米 ×20 人（男女各

10人）“红旗”接力赛、越野赛和跳绳比赛。在这种群众性体育活动中，清华附中涌现出一批体育成绩突出的普通学生。由这些普通学生组成的足球队、腰旗橄榄球队、健美操队均在海淀区的比赛中获得冠军。

最后，精进专业培养，举办多种活动。“马班”在保证学生文化课学习的基础上，强化专业训练。学生上午接受常规教学活动，下午进行集体训练。训练计划按照周期精心编排，由教练团队统一指挥和调控，确保训练内容紧贴赛事需求，全面提升学生的竞技水平。此外，学校每年举办多种体育活动，包括体育艺术节、趣味运动会、田径运动会、广播操大赛等大型活动，圆明园长跑、跳大绳、*N*+1足、花样跳绳、拔河、20人穿梭接力、足球联赛、篮球联赛、冬季长跑、定向越野等学部活动，以及以班为单位开展的体育主题班会和特色体育活动，营造了浓厚的校园体育氛围。

3. 创新教学方法

在体育教学方法上，清华附中积极创新改革，形成了独具特色的体育教育模式。“马班”引入科学的训练技术，帮助学生了解自身运动状况，制订科学训练计划，辅助教练训练安排。采用以赛促练策略，将体育训练与教育紧密结合，注重大中衔接，确保学生长期、全面发展。通过参加各类比赛，学生在实践中提升了技能，培养了团队协作、应对压力等能力。

面向普通学生，学校以“五育并举”为核心理念，构建“因材施教，科研赋能，多元融合”的体育育人模式。教师团队基于差异化教学理论，通过科学评估（如体能测试、技能水平分析等）设计阶梯化的教学内容，契合“最近发展区”理论，激发学生内生动力与自信心。教师团队将社团活动作为第二课堂，依托各类体育社团组织实战比赛与趣味挑战赛，使学生在竞技中深化团队协作意识、抗压能力与规则认知，实现体育与德育的有机渗透。通过不断改进教学方法，积极分享和学习教学领域的最新成果并使之本土化，培养学生终身进行体育锻炼的习惯和健康管理能力，推动学生德、智、体、美、劳全面发展。

四、勇担使命，助力国家体育战略

1. 关注青少年健康

随着社会发展，青少年健康问题日益受到关注。清华附中高度重视学生身体健康，针对青少年儿童中常见的脊柱侧弯问题，采取了不同的训练恢复手段。

对于普通学生，学校通过加强体育锻炼、普及健康知识等方式进行预防和矫正，增强学生的健康意识。在体育课程中，增加了专门针对脊柱健康的锻炼内容，如脊柱拉伸、核心力量训练等。对于运动员，学校在训练中注重科学训练方法的运用，避免因不合理训练导致的脊柱损伤。教练团队根据运动员的身体状况和运动项目特点，制订个性化的训练计划，合理安排训练强度和训练内容。同时，学校还为运动员提供专业的康复指导，配备专业的康复设备和人员，及时对运动员进行检查和康复训练，确保运动员的身体健康。学校将体育作为促进学生健康的重要手段，通过多种方式引导学生养成良好的运动习惯和健康的生活方式，为学生的健康成长保驾护航。

2. 引领中小学体育健康教育

为深入贯彻落实国家关于体育强国建设的重要指示和全国教育大会精神，清华附中充分发挥自身优势，依托“马班”的成功经验，积极探索“体教融合”的创新模式和发展路径。学校严格遵循相关政策导向，将推动青少年文化学习和体育锻炼协调发展作为工作重点。通过体育训练和比赛，培养学生的逻辑思维能力、应变能力和创新能力，促进体育与智育的结合；在体育活动中，引导学生欣赏体育之美，培养学生的审美情趣，实现体育与美育的渗透；组织学生参与体育劳动，培养学生的劳动意识和劳动能力，推动体育与劳动教育的融合。学校积极发挥示范引领作用，通过举办体育教育研讨会、开展校际交流活动等方式，毫无保留地将自身体育教育的成功经验、先进理念和创新方法分享给其他学校，促进校际之间的交流与合作，共同提高体育教育水平。

清华附中在体育育人工作方面，取得了显著成就。学校通过体育教育，不仅让学生拥有了强健的体魄，更培养了他们坚韧的品格、团队协作精神和社会责任感。未来，学校将继续秉持“无体育，不清华”的理念，不断探索创新，为学生的终身幸福奠定基础，为国家培养更多德、智、体、美、劳全面发展的社会主义建设者，在体育教育的道路上续写辉煌篇章，为实现体育强国建设目标贡献更大力量。

五、清华附中女篮——以体育人铸就辉煌之路

文 / “马班”篮球教练　王丽

女篮是清华附中体育教育的优势特色项目，也是马约翰体育特长班的代表作。清华附中女篮多次荣获全国中学生女篮桂冠，也曾斩获世界冠军。多名学生高中毕业后进入国家集训队，代表祖国在世界女篮竞技场上搏击。本文通过教练的视角，展示出清华附中如何坚持“育人至上”的办学宗旨，不断完善“体教融合”的办学模式，培养出大批全面发展、具有突出体育特长、胸怀祖国的高水平体育人才。

1. 严字当头，锋芒从来需磨砺

我曾是一名军人，如今是清华附中女篮的教练。这段与篮球、与孩子们相伴的旅程，满是热血与温情，也见证着清华附中独特的体育育人魅力。

2007年，我从武警体工队来到清华附中，挑起女篮教练的重担。那时的附中女篮，成绩远不如现在耀眼。摆在我面前的首要难题是团队的整合。与体工队的职业运动员不同，有些孩子比较自由散漫。前半年，我像是在和她们斗智斗勇，努力改变队伍风气，增强团队凝聚力，这个过程就像把松散的雪粒捏成紧实的雪团，艰难又充满挑战。但好在我们的努力逐渐有了回报，队伍慢慢有了起色。

经过多年的磨砺，2013年，我们终于迎来了第一个冠军。站在全国比赛的舞台上，孩子们的脸上满是泪水与汗水。虽然和顶尖队伍相比还有差距，但她们凭借着卧薪尝胆的毅力，严格要求自己，最终取得了令人骄傲的成绩。那一刻，所有的付出都得到了最好的回报。

在清华附中，我不只是教练，更是学生们的朋友和导师。“马班”面向全国招生，很多学生小小年纪就离家住校。我深知，只关注技能提升远远不够，她们需要在技能、品德、学业、健康等各方面得到培养。日常里，我关心她们的生活，陪生病的孩子看病，辅导她们学习。我们要求学生每周默写单词、检查卷子，训练后也不忘督促课业，外出集训时还让她们把做好的卷子发过来。我们就是在这些点滴的日常中，帮助她们在紧张的训练之余，保持良好的学习基础，实现学习和运动的平衡。

清华附中为我们提供了十分优质的平台。学校领导高度重视体育，在出国进修、后勤保障等方面给予大力支持，让我们能更好地开展工作。在这个平台上，学生们收获满满。例如，谌玥考入美国加利福尼亚大学伯克利分校；韩旭进入职业梯队，在国内外赛场上大放异彩。此外，还有众多队员考入名校，或是进入职业篮球团队领域，她们在学业和体育上都取得了优异成绩。

2. 德育为先，成绩背后是精神

在清华附中，德育贯穿女篮训练的始终。我们深知，只抓专业不顾德育，会影响学生未来发展。球队实行队长责任制，每一届队长都十分出色，责任感满满。我们还保持着定期复盘的传统，中午或晚上开会，老师和学生轮流主导，内容涵盖比赛、生活、心理、学业等方面，让每个孩子都能从中学习、成长。

与家长的沟通也是我工作的重要部分。如今强调家校共育，我们主要通过线上方式交流，定期开家长会，沟通孩子的比赛和学习情况。但随着时代变化，沟通也并非一帆风顺。有些家长因孩子离家远，会过度关注和干预孩子的生活，给队伍管理带来一定困扰。不过，我始终坚持全面育人理念，保障沟通渠道畅通，和家长携手，帮助孩子们树立正确的人生观和价值观。

白岩松曾提到伦敦奥组委负责人的话："体育教会孩子们按照规则去赢，也教会他们如何体面且有尊严地输。"我对此深信不疑。体育不仅是技能的较量，更是对学生们精神和品格的塑造。

"马班"传承着马约翰老先生的理念和精神，是体育育人的生动实践。在清华附中女篮的这些年，我见证了体育教育对学生们的深远影响。她们在体育赛场上拼搏，在人生观和价值观上也得到了正确引导，受益一生。如今，我依旧坚守在教练岗位上，和学生们一起续写清华附中女篮的故事。每一个冠军、每一位学生的成长，都是我的骄傲。未来，我们将继续携手前行，创造更多辉煌。截至目前，清华附中女篮成绩斐然，已获得 8 次国内高中联赛冠军、4 次国际比赛冠军，两获中国中学生运动会篮球项目冠军，还拿下中国第一届学生（青年）运动会（校园组）篮球中学组冠军。多名队员入选中国国家队女篮队伍，14 名队员入选中国职业篮球联赛（WCBA）。韩旭更是其中的佼佼者，作为高中生毕业球员，2018 年代表中国国家女篮获得雅加达亚运会女篮冠军，2019 年以第 14 顺位被纽约自由人队选中，开启了 WNBA 的职业生涯。2022 年，中国女篮获得女篮世界杯亚军，韩旭入选最佳阵容。2023 年，她所在的中国女篮又在杭州亚运会上夺冠。

清华附中女篮踔厉奋发、砥砺前行，一代又一代的队员们传承着清华附中的体育精神。这里不只是一支篮球队，更像一个温暖的大家庭，大家为了共同的目标拼搏奋进。在这里，能看到学生们对篮球的热爱，更能看到她们在人生道路上坚定前行的身影。

六、马约翰体育特长班——体教融合的梦想摇篮

文 /“马班”奥运冠军　杨倩

“四肢发达、头脑简单”是否为运动员的标准画像？“马班”的创立，可以说是对这一传统思维的挑战宣言。“马班”由清华大学与清华附中合办，面向有体育特长、有培养前途的中学生招生，目的在于探索“体教融合”的课余体育训练新模式，培养兼具高文化素养与高水平竞技能力的学生，为高校高水平运动队输送优秀生源。“马班”传承马约翰先生的体育精神，坚持“育人为中心，突出学生个性，发展学生特长和潜能”的办学理念，为有体育天赋的学生提供广阔的个性发展空间，形成了初中、高中、大学选拔输送一体化的办学特色。本文作者杨倩，以射击特长生身份考入清华附中的“马班”。在这里，她的特长和专业课学习得到均衡发展，不仅跨入了清华大学的校园，也登上了奥运冠军领奖台，成为体育特长生培养的一个典型范例。

在成长的道路上，我有幸经历了从一个普通农家女孩

到奥运冠军的蜕变，而清华附中的“马班”无疑是这段旅程中最为关键的一站，它完美诠释了“体教融合”的优势，助力我成长为兼具高文化素养与高水平技能的体育人。

1. 从农家女到运动员

2000 年，我出生于浙江宁波杨家弄村的一个普通务农家庭。小时候的我，就展现出与众不同的爱好，比起女孩子常玩的旋转木马，我更喜欢充满挑战的打气球游戏。在夜市的“气球射击”摊位上，我手持仿真枪，弹无虚发，百发百中的表现让我成了摊主眼中特别的小顾客，也让我第一次感受到射击带给我的快乐与成就感，或许这就是我与射击缘分的开端。

2011 年，小学五年级的我迎来了人生的重要契机。宁波体校的虞利华教练来学校选拔射击苗子，选拔方式是左手持乒乓球拍，右手往上叠放子弹壳。当时，我一心沉浸在挑战中，专注地往上摞，最终成功摞到 7 个，远超其他同学。放学时，虞教练留下我，询问我是否愿意练习射击，我毫不犹豫地给出肯定的答案。然而，家长起初并不支持，担心训练会耽误学习。好在虞教练耐心劝说，让我有机会踏上了边学习边练射击的道路，同时，通过射击读大学的梦想也在我心中扎了根。在宁波体校，我遇到了悉心指导我的教练，在他们的帮助下，我的射击天赋逐渐展现。几年间，我在赛场上一路拼搏，获得了全国青少年锦标赛亚军、浙江省第十五届运动会射击女子气步枪 40 发冠军等多个荣誉，还打破了浙江省青少年射击冠军赛女子气步枪 40 发项目的世界青年纪录，顺利入选国家青年射击队，获得“国家级运动健将”称号。这些成绩不仅是对我射击技能的肯定，更是我继续前行的动力。

2.“马班”奠基体育人生

2016 年，我凭借优异的成绩和扎实的基础，通过严格选拔，进入了清华附中马约翰体育特长班。“马班”秉持“体教融合”的先进理念，致力于培养全面发展的优秀人才，为高校和职业竞技体育输送新鲜血液。在这里，文化学习被放在重要位置，学校对我们的学业有着严格要求。这一理念让我明白，系统完整的教育对于运动员的成长至关重要，它不仅能提升文化素养，还能助力人格塑造和对专项的深入理解。进入“马班”后，紧凑的学习和训练节奏扑面而来。每天上午，我和同学们一起上课，下午放学后便赶到学校射击馆进行 2 个多小时的训练，晚上还要自习或补习文化课，常常学习到深夜。这样紧张的生活虽然辛苦，但也锻炼了我的时间管理能力，让我学会合理分配时间和精力，在学业和训练之间找到平衡。更重要的是，这段经历磨炼了我的意志，让我变得更加坚韧，能够从容应对各种压力。

为了实现考入清华大学的梦想，我在“马班”付出了更多的努力。备考那年，高水平运动员统测时间推迟，与高考时间几乎无缝衔接，这无疑增加了备考的难度。在这个关键时刻，教练凭借其丰富的经验，为我们制订了科学的学习计划。每天训练结束后，大学的师兄、师姐会来到射击队，辅导我们做作业、补习功课。他们的帮助让我节省了时间，提高了复习效率。在大家的共同努力下，经过半年的冲刺，我成功达到了清华大学的录取要求，顺利被经济管理学院录取，实现了多年的梦想。这段紧张又充实的备考时光，不仅让我收获了知识和成绩，更让我感受到了团队的力量和支持。

3. 在清华拔节生长

进入大学后，学业和训练的压力依旧不小，但“学训结合，以学促训”的培养方式让我受益匪浅。通过学习，我提升了自我认知，增强了专注力和自我控制力，这些能力又反过来促进了我的训练和比赛表现。2021 年，我站在了奥运会的舞台上。在东京奥运会赛场上，我全力以赴，最终为祖国赢得了首枚金牌，还打破了奥运会纪录。这一成绩的背后，离不开“马班”的培养。在“马班”学习期间，文化课的学习提升了我的思维能力，让我在比赛中能更加冷静地应对各种情况。“自强不息，厚德载物”的清华精神也一直激励着我，让我在面对压力和挑战时保持从容，不断突破自我。

2024 年 6 月，我从清华大学毕业，随后选择在清华大学社会科学学院攻读体育学专业的研究生，继续深造。回顾自己的成长历程，我深感“马班”的“体教融合”模式的重要性和优越性。它不仅让我在体育赛场上取得了优异成绩，还为我提供了扎实的文化知识储备，让我在面对未来的各种挑战时都能充满信心。我相信，在“马班”这样优秀的“体教融合”模式培养下，会有越来越多的同学成为兼具高文化素养和高水平技能的“双高”人才。未来，我也将继续践行清华体育精神，用自己的经历激励更多的人，为“体教融合”的发展贡献自己的力量，在人生的道路上不断书写新的篇章。

七、体育点亮成长的璀璨星光

文/初18级、高21级学生　邓舒文

清华大学有深厚的体育传统。从马约翰先生“体育的迁移价值”理论，到“为祖国健康工作五十年”口号的提出，激励着一代又一代清华人积极投身体育锻炼，更将个人的健康与国家的建设紧密相连，赋予了体育育人更为深远的时代意义。清华附中秉持“无体育，不清华”的精神传统，坚定不移地践行“体魄与人格并重”的体育育人理念，致力于通过体育教育塑造全面发展的优秀人才。本文作者是一位从小热爱体育的普通学生，在清华附中专业的体育育人体系中，个人潜能不断被激发、被引导和提升。体育成为培养她坚毅品格、锤炼顽强意志的重要途径，为她走向社会奠定了坚实的体魄和人格基础。

在成长的岁月长河中，清华附中的体育教育宛如璀璨星光，照亮了我前行的道路，深刻地塑造着我的人格与意志品质，更在我陷入困境时给予我突破自我的力量。

1. 体育磨砺的坚韧初章

小学时，我便与体育结下不解之缘，6 年的校游泳队训练开启了我的体育生涯。初入队，技术生疏、体能不足的我在训练中吃尽苦头，泳池的冷水冻得我瑟瑟发抖，训练的艰难常让我边游边哭。但骨子里的那股韧劲，让我在一次次淘汰边缘被留下，从队尾一步步成长为主力队员。这段经历不仅锻炼了我的体魄，更培养了我吃苦耐劳、坚持不懈的精神。

三年级加入校田径队后，我在区运会赛场上从成绩平平到崭露头角。然而，五年级升入六年级时，诸多压力让我对跑步心生恐惧与厌倦，选择离开。直到六年级下学期归队，带着两枚铜牌结束了这段体育的启蒙时光。这段经历如同成长的基石，让我学会在困境中坚守，在挫折中前行。

踏入清华附中，“无体育，不清华”的浓厚氛围扑面而来。自由有序的跑操、丰富科学的体育课、每日的晨跑，将体育融入了日常生活，成为一种习惯。全校师生为“耐高联赛”中篮球健儿的呐喊助威，让我真切感受到体育精神的强大凝聚力。

作为普通生，我有幸加入女足队伍。在团队训练和比赛中，我学会了团队协作，明白了个人与集体的紧密关联。胜利时的欢呼、失利时的泪水，都让我在团队运动中不断成长，变得更加坚韧和包容。

每年的秋季田径运动会，是清华附中学子的体育盛宴。赛场上，“更高、更快、更强”的体育精神展现得淋漓尽致。初一时，我打破了 400 米和 800 米两项校运会纪录，此后又多次刷新校纪录。在这个过程中，我学会了面对他人的目光，从追求完美到享受比赛过程，学会了在失败中汲取力量，勇敢地挑战更高的极限。校运会不仅是体育技能的较量，更是人格成长的舞台，让我学会了坦然面对成败，培养了豁达的心态。

2. 在团队中拼搏成长

2020—2021 年，中考体育在新冠病毒疫情的特殊背景下进行。疫情期间，学校体育组策划的里程挑战赛和卡路里挑战赛，让居家运动变得充满乐趣。班级间的打卡比拼，激发了大家的运动热情，让我们养成了坚持运动的好习惯。

考前，体育老师让我在提升个人成绩与帮助组员之间进行选择。我开始练习控速带跑，虽然过程中充满困难，但看到组员们在考试中取得进步，我收获了比个人荣誉更珍贵的成就感。体育中考当天，老师们的击掌送行，让我感受到了温暖与支持，体会到了“托举的力量”，这不仅是对体育成绩的助力，更是对我内心的鼓舞，让我懂得了在团队中相互扶持的重要性。

高一时，我加入了学校为备战北京市长跑节组建的普通生中长跑队。在冉老师的专业指导下，我们进行着科学而艰苦的训练。训练中，伤病、学业与训练的平衡等问题困扰着我们，但队友间的相互鼓励与支持，让我们携手共渡难关。我们一起在训练中超额完成任务，在比赛中为荣誉而战。这段经历让我的意志更加坚定，学会了在困境中保持积极的心态，勇于面对挑战。

疫情虽打乱了我们的训练节奏，但线上的相互鼓励、线下的实地训练，让我们始终保持了对跑步的热爱。在运动会前的备战过程中，大家不惧高温、克服身体不适，全力以赴。尽管最终可能留下遗憾，但我们在追求卓越的过程中，深刻体会到了竞技体育的魅力，更加坚定了挑战自我的决心。

3. 体育精神充盈未来人生

高三备考阶段，堆积如山的复习资料和频繁的模拟考试，让我不堪重负。每次看到不理想的成绩排名，焦虑就如潮水般将我淹没，对未来的迷茫让我在学习的道路上迷失方向。竞赛的失利更是雪上加霜，我的自信心受到极大打击，开始怀疑自己的能力。

在清华附中，每天的跑操是雷打不动的体育活动。起初，我只是机械地跟着队伍跑，然而渐渐地，我发现每次跑完操，精神都为之一振。原本昏昏沉沉的大脑变得清醒，思维也更加敏捷。以前被难题困住时，满脑子都是逃避的念头，但在坚持体育锻炼的过程中，我逐渐学会了正视困难。就像长跑训练中突破体能极限的那一刻，只要咬咬牙坚持下去，就能迎来新的转机。

清华附中一直倡导“自强不息，厚德载物”的体育精神。在这种精神的熏陶下，我开始反思自己的学习方法。遇到难题时，不再像从前那样轻易放弃，而是主动查阅资料、向老师和同学请教。我把每一道难题都当作体育赛场上的挑战，告诉自己只要有足够的耐心和毅力，就一定能攻克难题。而且，在与同学交流学习的过程中，我也学会了像在体育团队中那样相互包容、相互支持。以前，我会因为同学比我成绩好而暗自较劲，现在我能坦然欣赏他人的优点，学习他们的长处。经过一段时间的努力，我的成绩稳步提升，心态也变得更加从容自信。曾经让我望而却步的难题，如今成了我提升能力的阶梯。这一切的改变，都得益于清华附中的体育教育。它不仅让我在赛场上勇往直前，更让我在学习和生活的战场上，凭借坚韧不拔的意志和积极向上的心态，一次次跨越困难，实现自我突破。

毕业不到一年，我欣喜地看到清华附中普通生体育的蓬勃发展。我期待体育能成为每一位清华附中人的生活方式，让体育精神融入大家的血脉。希望学弟学妹们能在体育中收获坚韧、温暖和团队精神，将这些宝贵的品质运用到生活和学习中，在未来的人生道路上，无论遇到什么困难，都能凭借体育赋予的力量，勇敢前行，实现自我突破。

清华附中的体育教育，是我成长路上的宝贵财富。它不仅提升了我的体育素养，更塑造了我的人格和意志品质。体育教会我“自强不息，厚德载物”，让我既有勇往直前的锐气，又有笑对遗憾的豁达。我相信，只要我们秉持着体育精神，坚持不懈地努力，人生的每一次低谷都将成为成长的垫脚石，终能跨越曾经的绝望，迎接美好的未来。

第八章

家校社协同育人新生态

——融合·创新·赋能

在当代教育向多元化纵深发展的背景下，构建家庭、学校与社会协同育人的新生态已成为时代命题。党的二十大报告明确提出“健全学校家庭社会育人机制”，教育部也相继出台专项政策文件，将协同育人纳入国家教育发展战略框架。清华附中立足“共育共赢”理念，通过系统性改革探索出一条深度融合、创新驱动、多方赋能的协同育人路径，为新时代教育生态建设提供了鲜活的范本。

一、政策引领与现实诉求双重驱动

国家层面的制度建构为协同育人注入强劲动能。我国对协同育人的重视始于21世纪初。2004年,《中共中央 国务院关于进一步加强和改进未成年人思想道德建设的若干意见》首次提出“构建学校、家庭、社会相结合的教育网络”。随着教育改革的深化，政策体系逐步完善。2010年，《国家中长期教育改革和发展规划纲要（2010—2020年）》强调“建立健全学校、家庭、社会三位一体的教育体系”；2017年,《中小学德育工作指南》明确要求“加强学校与家庭、社区的沟通合作”。2022年党的二十大报告提出“健全学校家庭社会协同育人机制”，标志着协同育人正式上升为国家战略。2023年，教育部等十三部门联合印发《关于健全学校家庭社会协同育人机制的意见》，首次系统提出“三位一体”育人框架与实施路径，明确到2035年建成科学高效的协同育人体系的目标。2024年，十七部门联合推出的《家校社协同育人“教联体”工作方案》，则通过建立联席会议制度、资源清单制度、督导评估制度等具体举措，推动政策落地。这一系列政策的出台，为家校社协同育人提供了明确的方向与指导。

现实层面的教育困境同样呼唤家校社协同共治。青少年成长过程中，家庭的情感浸润、学校的系统培养与社会实践的资源供给本应构成完整闭环，但三者教育理念错位、沟通渠道不畅导致的“5+2=0”现象屡见不鲜——学生在校 5 天的正向引导常被周末 2 天的家庭冲突消解。《中国教育发展报告（2023）》显示：全国范围内有 58.3% 的中学生表示“父母教育方式与学校存在差异”，其中初中阶段的冲突比例达 63.7%。学生的成长环境错综复杂且丰富多元，家庭、学校与社会都是他们成长过程中不可或缺的重要组成部分。家庭是孩子成长的第一环境，父母的教育方式、家庭氛围等对孩子的品德、价值观以及性格塑造起着基础性作用。学校是学生接受系统知识教育和社会化的主阵地，能够为学生提供全面发展的平台。而社会为学生提供了广阔的实践空间和丰富的资源，有助于学生将所学知识应用于实际，增强社会责任感与实践能力。若学校、家庭、社会各自为政，教育理念与方式不一致，可能会导致学生在不同环境中接收到相互矛盾的信息，从而产生认知困惑，影响其健康成长。只有三方紧密合作，形成教育合力，才能为学生营造一个连贯、和谐且积极向上的成长环境，促进学生在品德、智力、体质、美育、劳动等方面全面发展。

清华附中在深刻理解国家政策与协同育人必要性的基础上，将家校社协同育人的工作策略归纳为融合共识、创新驱动和相互赋能 3 点。具体而言，融合共识是指通过设立常态化交流与问题导向机制，推动家校社三方理念协同；创新驱动是指通过突破传统育人模式，探索家校互动新路径，满足学生成长需求；相互赋能是指通过引入社会资源、搭建成长平台，在托举学生发展的基础上提升家长育人水平、教师专业能力及社会支持效能。

二、搭建三维立体的协同育人架构

清华附中构建了“三级联动、多元协同”的三维立体组织架构，形成全员参与、层级分明的育人网络。

1. 学校主导：统筹全局，引领方向

清华附中的家校社共育工作以“共育共赢”为核心理念，明确家庭、学校、社会彼此的育人功能及定位。家庭处于圆心最内层，是培养孩子的第一个课堂；学校处于家庭与社会之间，是孩子接受正规教育和社会化的主阵地；社会则像一所大学校，是孩子接受家庭和学校教育的有益补充。

为充分发挥育人功能，学校设立了一系列关键组织。在学生发展中心的统筹引领下，学部班主任育人团队、心理办公室、生涯办公室、团委学生会各司其职，协同发力。此外，校级、学部、班级三级家委会以及清华附中教育集团家校社协同育人专项工作委员会也积极运作，充分彰显了不同育人主体的独特价值。学生发展中心作为育人指导的枢纽，负责制定整体的发展规划和策略，协调和整合各部门的工作，确保各项工作有序推进。清华附中以“培养

具有家国情怀、强健体魄、丰盈内心和国际视野的拔尖创新人才”为育人目标，形成了“做人、健体、为学”的学生发展理念，形成了以“君子文化”为重心的德育阶梯性课程。各学部是学生发展理念具体落地的单位，负责根据学校德育工作计划，开展学部层面的教育教学活动，落实清华附中各学段的德育阶梯性目标。

心理办公室致力于构建全方位、多层次的心理健康教育体系，面向学生、教师、家长开展全体、部分、个体的全时段心理工作，通过心理课程、个体辅导、团体辅导、心理讲座等形式，帮助学生提升心理健康水平。生涯办公室负责开展生涯教育，构建了体系化的课程和资源，通过开设选修课、举办生涯活动等形式，帮助学生探索自我、了解学术与行业趋势，为未来的职业选择和升学路径提供指导。目前已经形成德育副校长牵头、学生发展中心指导、心理办公室和生涯办公室策划实施、一线班主任为骨干、全体教师及家长积极参与的心理工作和生涯工作网络。

清华附中团委学生会是在学校党委领导下的学生自治组织，肩负着服务同学、组织活动、推动校园文化建设的重要使命。

2. 家校联动：分工协作，凝聚合力

在家校联动层面，清华附中成立了家校社专项工作委员会，负责家校社协同育人规划与资源整合，确保各方力量协同发力。三级家委会体系（校级、学部、班级家委会）分工明确，各司其职，下设组织宣传部、终身学习部、社团公益部、综合保障部四大部门，职能覆盖信息传递、活动组织、资源对接等多个方面，形成了全方位、多层次的家校沟通与协作机制。此外，家长社团如水木清芬读书会、相伴跑团

等，聚焦家庭教育与亲子互动，通过丰富的活动增强家长的凝聚力，为家庭教育提供了有力支持。

大大小小的家校共育活动都离不开家委会和学校各部门之间的联动。以水木清芬读书会的共读活动为例，前期三级家委会层层传达活动信息，在终身学习部指导下，由家长志愿者投票选取书目、制订共读计划、策划读书活动。倘若举办线下共读活动，学校将提供活动场地，并由相关部门老师负责与综合保障部家委对接入校相关事宜和场地预订工作。活动过程中，既有家长的热情分享，也不乏老师们的积极参与。活动结束后，组织宣传部的家长及时推送微信稿，宣传活动成果。家校之间、各级家委会之间、校家委各部门之间因此形成了高效协作的网络，使得每一次家校共育活动都能顺利开展。读书会成立4年来，以“共建和谐美好的家庭关系，为孩子的成长提供更多支持”为切入点，组织家长阅读了《沟通的方法》《点燃孩子的内驱力》《与青春期和解》《幸福之路》等作品，为家长在提升思想认识、改进日常行为、改善沟通方式等层面提供了多维度指导。

3. 社会助力：引入资源，拓展空间

社会资源层是清华附中协同育人架构的重要组成部分。学校积极与教育、心理、健康等领域的专家团队合作，邀请他们为学校教育提供专业支持与指导，为学生和家长带来前沿的教育理念与科学的育儿方法。同时，学校还联合社区、医疗机构、家庭教育辅导机构等社会机构，共同开展公益活动与志愿服务，拓展育人空间，丰富育人形式，为学生的全面发展创造良好的社会环境。

2024年11月2日，为帮助毕业班家长识别孩子压力

信号、探寻调节良策，初22学部邀请青少年家庭养育专家刘刘老师开展“纵有疾风起，我有沉静家——毕业年级家庭减压攻略”专题讲座。在讲座中，刘刘老师以3个问题开启互动，指出家庭减压要超越二元对立思维，避免常见误区。通过分析毕业学部学生的内外部压力，她给出了应对的策略，还鼓励家庭成员多在一起谈谈心。讲座内容实用，让家长认识到营造沉静家庭和科学减压的重要性，助力毕业年级家长为孩子提供恰当、有效的支持。据后续跟踪反馈，许多参与讲座的家庭在孩子备考期间氛围更加和谐，孩子的学习状态也有所提升。有学生在活动心得中写道:“这次活动让我和父母一起体验新鲜事物，我们一起讨论、一起尝试，关系变得前所未有的亲近。”

三、机制创新释放育人活力

在运行机制方面，清华附中通过融合机制、创新机制和赋能机制，推动家校社协同育人工作的高质量发展，为学生的成长保驾护航。

1. 融合机制：搭建平台，深化共识

常态化交流平台

学校每月召开家校共育例会，同步育人信息，解决实际问题。在清华附中，每个月的家校共育例会由学校领导、经验丰富的教师与校家委会成员齐聚一堂，共同聚焦学生的成长与发展。会议内容丰富多元，涵盖了学生学习情况的深度剖析、心理健康状况的细致探讨、家校沟通与合作方式的优化创新、学校教育理念与政策的精准解读，以及家校共育活动与项目的有序推进等多个重要方面。

高一学部在开学期间的例会上，向家长全面介绍清华附中学生发展三年规划，明确本学部学生当前所处的具体阶段，为家长们提供了精准的教育指引。针对初高衔接与学业选科等关键发展任务，学部老师耐心引导家长，在充分尊重学生兴趣爱好的基础上，深入了解高考选科政策，

帮助学生作出科学合理的选择。学部心理教师则从专业的视角出发，从学业发展、同伴团体、生命意义 3 个维度深入剖析学生当下的成长特点与需求，建议家长在日常生活中向孩子展示积极向上的生命状态，给予孩子充分的情感支持与鼓励。通过这样的例会交流，家校双方在学生成长的关键节点达成了高度共识。

年度协同育人论坛

学校已成功举办了 3 届年度协同共育论坛，这些论坛堪称清华附中家校社协同育人领域的一场思想盛宴。学校邀请教育专家、家长代表、社会机构等来自不同领域的精英齐聚一堂，围绕“学校与家庭如何形成合力”“合理预期，终身成长”“家委会在家校社协同育人过程中的角色定位与挑战”等一系列关键议题展开深入探讨与交流。

在 2021 年 10 月 16 日的首届家校共育论坛中，清华附中家委会正式成立，这一里程碑事件标志着家校合作迈向了新的高度。同时，论坛还成功启动了“清华附中教育基金会·家校共育专项基金”，为推动一系列家校共育项目的落地实施提供了强有力的资金支持。2023 年 5 月 27 日举办的第二届家校共育论坛探讨了“合理预期，终身成长”和“家校合力，携手同行”两个主题。校长方妍强调，家校应携手成为“创造型共同体”，共同守护孩子的健康成长，并呼吁家长与学校共同努力，培养孩子的使命感和家国情怀。历届论坛为家校社三方提供了一个交流互动的平台，促进了信息共享和资源整合，为协同育人工作建言献策。

问题导向，开展专项活动

面对学生成长和发展过程中出现的各类棘手问题，如学习方法不当导致学习效率低下、内驱力不足缺乏学习动力、亲子关系紧张影响家庭氛围等，清华附中始终坚持问题导向，积极主动作为，通过多种方式凝聚家校社三方力量，共同寻求解决方案。

2024年4月20日，清华附中成功举办了首届“学习力父母行动营”结营仪式。该行动营由清华附中学生发展中心、艾未石自主学习中心与校家委会共同打造，旨在通过创新的学习模式，助力家长们深入理解并实践自主学习策略，为孩子的全面发展提供有力支持。行动营为期6周，采用“理论方法传授+行动学习+学习社群构建”的创新模式。家长们每周参与线下练习，将所学知识运用到实际家庭生活中，并在社群中分享互动。通过反复实践、分享和答疑，家长们深入领会了自主学习的家庭支持策略，为孩子的成长注入了新的动力。

此外，2024年4月14日，清华附中精心组织了一场以“初中生家长亲子沟通挑战与应对”为主题的家长心理讲座。讲座由中国社会心理学会婚姻与家庭心理学专委会副主委刘丹担任主讲嘉宾，旨在帮助家长掌握科学的家庭教育知识和方法，促进家校融合共育。刘丹老师结合多年临床经验，提出了初中家长与孩子相处须遵循的4个原则：理解孩子、支持孩子、精简限制、加强沟通，并现场带领家长练习了六大亲子沟通技能。通过这些具体实践，清华附中不仅为学生提供了全面的成长支持，也为家长提供了专业的教育指导，促进了家校社三方的深度协同，共同助力学生的全面发展。

2. 创新机制：突破传统，激发活力

清华附中的家校社共育理念在实践中展现出诸多创新

之处，具体体现在以下 3 个方面。

家访创新

线上、线下结合，强化家校情感联结。清华附中勇于突破传统家访模式的局限，创新性地采用线上、线下相结合的方式，扎实推进家访工作。班主任在保留传统面对面家访的基础上，充分利用现代信息技术手段，通过线上平台与家长保持密切、及时的沟通。无论是学生在校的学习表现、课堂参与度，还是日常生活中的行为习惯、情绪变化，班主任都能第一时间反馈给家长；家长也能随时向班主任分享学生在家的学习状态、兴趣爱好、亲子互动情况等。

社团建设

以兴趣为纽带，促进家长互助成长。学校积极打造六大家长社团，将家长们紧密联系在一起，促进家长之间的互助与共同成长。这些社团不仅极大地丰富了家长的业余生活，更为家长们搭建了一个相互交流、学习的优质平台。例如，相伴跑团通过组织集体跑步活动，让家长们在锻炼身体的同时，增进彼此之间的了解与信任，增强了家长群体的凝聚力和团队精神。在日常跑步活动中，家长们交流孩子的成长点滴，分享教育心得，形成良好的互助氛围。有的家长在跑步中交流孩子的学习压力问题，共同探讨如何帮助孩子缓解压力，如增加户外活动、培养兴趣爱好等。

课程共建

家长参与校本课程开发，提供实践资源。清华附中积极拓展教育资源，邀请家长充分参与校本课程的开发，充分发挥家长的职业背景优势，为学生提供丰富多元的实践资源。例如，开办“生涯规划·行家开讲”系列生涯分享，邀请从事不同职业的家长为学生开设讲座，内容涵盖航空航天、人工智能、集成电路、法律人文、医学医药等多个领域。这种课程共建模式不仅拓宽了学生的视野，还让学生有机会接触不同领域的知识和技能，为未来的生涯规划与职业发展打下基础。

3. 赋能机制：资源共享，实现共赢

在教育改革的浪潮中，清华附中积极探索家校社协同育人模式，让学校、家庭、社会三方紧密相连，相互赋能。

引入优质社会资源

清华附中始终致力于整合多元教育资源，与学习科学领域和家庭养育领域的专家建立起长期稳定的合作关系。为将前沿教育理念与实践方法深度融入日常教育工作和家庭教育指导中，学校开展了教师工作坊、家长行动营等形式多样、内容丰富的活动。

在教师工作坊中，校外专家为教师们带来最新的教育研究成果和教学方法。他们针对学习信心、学习方法、师生沟通等方面展开深入探讨。例如，针对学生学习信心不足的问题，专家通过分析大量实际案例，与教师们进行角色扮演，一起讨论如何帮助学生建立积极的学习心态和强大的学习信心。专家指出，教师可以通过及时肯定学生的点滴进步、为学生设置难度适中的学习任务并给予适当指导等方式，逐步增强学生的学习信心。教师们在小组研讨中积极交流，把所学理念运用到教学实践中，不断提升教

学质量和教育水平。许多教师反馈，在运用新的教学方法后，课堂氛围更加活跃，学生的参与度明显提高，学习效果也得到了显著提升。

家长行动营则是家长们提升家庭教育能力的重要平台。家庭养育领域的专家们围绕亲子沟通、时间管理、学习动力等主题，通过小组讨论、团体活动等方式，引导家长换位思考、学着同孩子进行有温度的沟通。

学校与社会的合作模式具有显著的双向优势。一方面，学校、社会携手为教师成长和家庭养育赋能。在教育工作日益繁重的当下，教师在学校的工作趋于饱和，在提供家庭教育指导方面常常分身乏术。社会资源的引入，恰如一场及时雨，为学校育人工作提供了重要的支持和补充。专家们的专业知识和丰富经验，极大拓宽了教师的教育视野，提升了家庭教育指导能力，进而使家庭教育获得更专业的引导。另一方面，社会资源被“请进来”，得以接触到真实的学校情境与家庭案例。专家们在与学校和家庭的互动中，深入了解教育实践中的问题与需求，从而探索行之有效的做法，并总结出宝贵的经验。这些经验不仅能推动相关领域的研究，还能通过学术交流、资源共享等方式，让其他学校和家庭受益。

家委会助力家校社身心成长

清华附中家委会自成立以来，始终积极主动为师生的健康赋能。家委会组织多场心肺复苏、自动体外除颤器（AED）使用培训，惠及数百位家长、教师，让更多的人掌握了这一关键时刻能挽救生命的重要技能。家委会深入调研教师需求，充分发挥家长志愿者的力量，与清华附中校工会深度合作，为教师开展10余场义诊与健康讲座，帮助教师以更为便捷、高效的方式解决身体健康问题，以更为健康饱满的精神状态投入教育教学工作中。

与此同时，清华附中教师也积极响应号召，主动走入社区，和家长们一起为更大范围内的社会群体赋能学业成长。附中家委会发展了多位附中名师作为志愿者，和家长志愿者一起为医务工作者、社区工作者等社会群体开展多场教育教学义务讲座，尤其是为面临升学压力、最为焦虑的毕业班家长提供专业的学科学习指导，切实为他们排忧解难，极大地促进了社会和谐与教育资源的共享。在为社区工作者举办的教育讲座中，教师们针对社区工作者在子女教育方面的困惑，提供了实用的教育方法和建议，受到了社区工作者的热烈欢迎和高度评价。

通过充分的沟通与调研，学校与家委会还积极与高校科研团队合作，为有需要的家长群体引进相关资源。例如，青少年学习动力的培养训练营、生涯探索坊等。调研显示，参与相关活动之后，80%～90% 的家庭关系得到明显改善，孩子能主动与家长沟通，内心更加柔软，亲子关系改善了许多；家长自身的认知与行为转变率达到 60%～80%，在教育孩子的方法上更加科学合理，对孩子的成长规律有了更深刻的认识，切实做到了减少批评、增加鼓励；孩子学习态度与能力有 40%～60% 的提升，学习的主动性和积极性明显增强，学习成绩也有了不同程度的提高。

助人者自助、助人者互助。家校社都是学生成长路上的“助人者”，三方彼此赋能是为了全方位地助力学生的成长与发展。

四、融合为基，创新为径，赋能为果

清华附中秉持“融合为基，创新为径，赋能为果”的理念，通过层级化架构与机制化运行，构建了家校社协同育人的可持续发展模式，为新时代教育生态建设提供了实践范本。在这个模式中，家庭、学校、社会三方紧密相连，相互赋能，共同为学生的全面发展提供全方位的支持与托举。

家庭在与学校、社会的紧密合作中，提升了育儿能力，营造了更有利于孩子成长的家庭氛围，促进了亲子关系的和谐发展。学校在整合各方资源的过程中，丰富了教育教学的内容与形式，提升了教育质量，增强了教师的专业素养与教育教学能力。社会通过参与学校教育和家庭教育，不仅为学生提供了更广阔的成长空间和实践机会，也在教育实践中积累了宝贵经验，推动了相关领域的发展。

未来，清华附中将继续秉持“共育共赢”的理念，不断探索和创新，进一步完善家校社协同育人体系。在教育理念上持续更新，紧跟时代发展步伐；在实践操作中不断优化，提高协同育人的效率与效果；在资源整合方面深入挖掘，汇聚更多优质资源为学生成长服务，为培养更多具有创新精神和实践能力的优秀人才而努力，为推动教育事业的发展贡献更多的智慧和力量。

五、一场主题家访撬动的家校共育变革

文 / 地理教研组　姚佳

家访是学校联系学生家庭、互通学情的常规手段。新时代育人，需要家校社协同默契，达成共识，在发挥各自功能上形成合力。这就要求变“为家访而访”为“为育人而访”，让家访真正成为家校社协同育人的有效纽带。本文作者作为一名班主任，因一名“学困生”遭遇教育管理难题。她通过联合心理教师帮助家庭找到孩子问题的深层根源和有效的解决方案，实现了家校社协同共育的良好局面。可贵的是，教师能举一反三，通过家访的研究创新，把这一工作方式推而广之，最终形成年级、学校的育人特色，可资借鉴。

我有个学生，酷爱运动，足球、骑行、跑步样样精通，精力充沛。然而，一到课堂人就犯困，作业完成质量差，还经常与同学发生冲突。我多次家访，但收效甚微。

1. 棘手“问题”带出“特殊家访”

原来，这名学生因过度使用手机及行为规范问题，曾与父母发生过较大矛盾，从初中就开始表现出各种叛逆行为。万般无奈下，孩子与父母达成暂时性和约：以孩子在学校的表现、学业成绩和作业完成情况为依据，决定下个月的手机使用时长。家长期望班主任每周能反馈孩子的学业情况，以此约束孩子。很显然，这样的和约不仅没让孩子规范行为、健康成长，反而因老师家访，让学生觉得老师和父母联合“对付”他，逆反情绪加剧，家庭矛盾也愈发严重。后续常规家访，若只是互通学情，则会引发学生更强烈的对立与排斥，激化各方矛盾。

怎么办？既然症结在“关系”上，那么治愈的良方也必然先从此入手。我作为班主任与学校心理老师研讨后认为，学生过度使用手机、学业表现不佳、与同学冲突不断等问题，既源于家庭成员关系处理不当，也和青春期面临的自主管理、人际交往、学业及个性发展问题有关。

解决问题的关键在于教师能否运用专业知识，帮家庭解开关系不睦、亲子冲突频发的“结”，为学生营造安宁、舒适的家庭成长环境。也就是说，需要让家长与学校达成共识。

为此，学校精心安排了一次特殊家访，由我与心理老师组成团队，与学生和家长开诚布公地进行主题咨询与沟通，对如何创设良好家庭氛围展开“集体会商”。在仔细听取家庭各个成员对当前家庭氛围存在的问题及诉求后，我认为，青春期孩子身心变化大，情绪不稳定，行为易失范，此时家长和老师需有爱心、耐心，与孩子进行平等的沟通，强行管控只会加剧逆反，恶化亲子关系。

“集体会商”促使家庭成员达成了改善家庭氛围的一致行动，形成家庭公约：成员不互相指责，彼此尊重；家长支持孩子增加运动和娱乐时间；孩子须端正学习态度，注意言行，尊重师长。心理老师肯定了各成员对营造良好家庭氛围和环境的重要性，指出孩子有向上、向好的愿景和动力，鼓励家长“当孩子有进步的时候给予激励和正向反馈”。

2. 家校协同赋能全面育人

这次主题家访效果显著。教师通过鼓励引导家庭成员表达积极情绪，改善了亲子关系和成员关系，同时引导家长拓展思维视角，改变思维习惯和认知，提升情绪调节与应对能力，使家庭与学校在教育孩子的问题上达成了更深层次的共识。

修复好家庭关系后，我又寻找契机进一步修复学生与班集体的关系，如邀请他担任班主任小助理，发挥他的运动天赋，负责班级方阵领跑，并记录每日课间操出勤情况。在积极的体验中，他不断收获成就感，在班集体的建设中不断完善自我。最终，这名学生不仅在高考中表现优异，考入理想大学，更可喜的是，他在大一的新集体中也实现了知识与人格的全面发展，体现出创造幸福人生的能力。

此次家访给我带来了深刻的启发：了解学生是育人的基础，家校协同才能为学生的成长增添动力。关注学生在校表现，可以捕捉家校沟通的契机，这恰恰也是学生成长的契机。但是如果家校沟通仅围绕“突发性个案”，那么在某种程度上，班主任的育人范围就很有限。因此，我决定设计面向全班、贯穿高中 3 年的持续家访，为每一名学生的成长持续助力。

高一年级的全面家访聚焦学生情绪，开展家庭适应性调研，筑牢安全底线；高二年级联合任课老师，依据学生需求与每个家庭开展学法访谈；高三年级整合多学科及心理老师资源，为每个学生家庭提供生涯规划与学业发展引导，全方位展现不同阶段家访对学生成长的重要推动作用。

在家校沟通中，学校为学生创设倾诉渠道，为家庭搭建亲子沟通桥梁，多维度协助学生解决成长难题。通过一次次的家校沟通，我不断调整家访的策略，融合班级工作组的资源，实现最大限度的家校协同，更有效地助力了学生的成长。未来，学校与家庭将继续紧密携手，以爱为底色，以专业为笔触，绘制出更多学生茁壮成长的美好画卷。

六、“生涯聚能环”助力青春远航

文/清华附中生涯办公室　徐琢瑶　张琬婷

未来的理想、职业的规划是学生个体成长发展的指南针，也是学生学习内驱力的核心原动力。学生的深层心理问题，和自身的生涯规划有着密切关系。清华附中高度重视学生的生涯规划指导，成立了专门的生涯办公室。该部门负责开展生涯教育，构建体系化的课程和资源，通过开设选修课、举办生涯活动等形式，帮助学生探索自我、了解学术与行业趋势，为未来的职业选择和升学路径提供指导。

在教育的浪潮中，清华附中深刻认识到，学生的成长不仅关乎知识的积累，更在于对未来人生方向的探索与规划。为此，清华附中构建了“生涯聚能环”，整合家校社教联体资源，全力为学生开辟成长新航道。学校搭建了生涯规划讲堂课程体系，在实施保障与效果评估中，充分调动家庭与社会资源，为学生提供有针对性的生涯规划指导与家庭辅导。

1. 学校驱动，探寻破局之法

中学生正处于自我同一性发展和价值观形成的关键时期，自我认知模糊且不稳定，容易受外界影响，导致生涯规划偏离自身特质。同时，学生个体在兴趣、能力、性格等方面差异显著，而学校活动多侧重群体层面，难以提供个性化的生涯规划指导。

清华附中学生的家长群体多为大学教授等高级知识分子，对孩子的未来规划有较高的期待，存在“精英化”职业偏好，常与学生的自身兴趣产生冲突。平衡家长引导与学生自主选择，成为生涯教育中的难题。此外，学校部分生涯教育活动停留在单向信息输入，缺乏深度和持续性，没有长期跟踪与个性化反馈，难以内化为学生的自主期待。同时，学校实践活动受场地、规模、时间安排等诸多限制，而实践对学生自我认知极为重要，学生急需更多真实体验的机会。家校社协同合作成为破解这些难题的关键，明确三方在学生生涯成长中的重要作用，有助于帮助学生形成清晰的自我认知、明确职业兴趣，平衡家长期望与学生自主选择，提升生涯教育质量。

学校作为“生涯聚能环”的引擎，承担着生涯教育的主导责任。为了帮助学生更全面地认识自己，学校探索建立生涯规划档案，结合科学测评与学业表现分析，为每一位学生提供一对一的个性化指导。运用大数据精准分析学生的兴趣与优势，为他们推荐合适的专业和职业方向。

在课程建设方面，清华附中将生涯规划教育融入课程体系，开设生涯探索课程，涵盖自我认知、职业探索、决策制定等内容；通过小组讨论、案例分析、职业访谈、简历撰写、模拟面试等多种教学方法，引导学生思考自己的兴趣、优势与未来职业的联系。例如，在一次模拟面试的课程中，学生们分组模拟不同职业的面试场景，从简历制作到面试问答，全方位体验求职过程。此外，学校还开设了“人文日新讲堂”“水木讲堂·对话大家”“生涯规划·行家开讲”“我的生涯我做主·学生生涯规划风采展示”等特色课程，通过整合内外资源，系统设计了生涯规划讲堂课程，为学生提供全方位的生涯规划指导。

2. 三方协同，助力生涯探索

家庭是学生生涯启航的港湾，是“生涯聚能环”的基座。家长对生涯教育的理解和支持，可以在家庭环境中为孩子提供更有利的成长氛围，与学校教育形成合力。提升家长认知是协同育人的重要环节。学校借助家长生涯教育社群，利用微信群、家校 App 等平台，及时分享行业动态和生涯发展案例，促进家长之间的经验交流；同时定期举办家长生涯教育讲座，邀请教育专家、职业规划师等为家长讲解生涯教育的重要性和方法，帮助家长树立正确的生涯教育观念，提升家长在生涯教育中的参与度和指导能力。

此外，学校充分挖掘家长资源，将其融入学校的生涯教育体系。有的家长凭借自己的专业知识，走进校园开展讲座；有的家长利用工作资源，为学生提供实习机会。2024 年 5 月 25 日，在清华附中学生节上，家委会在水木讲堂举办的职业生涯探索坊，便是一次成功的尝试。校家委会邀请了金融、科研、艺术等领域的资深家长分享职场经验，解答学生的职业疑问。例如，一位从事艺术工作的家长，分享了自己从艺术学习到职业发展的经历，展示了艺术领域丰富多样的就业方向，如艺术策展、数字艺术创作等新兴方向，点燃了许多学生艺术梦想的火种。

在家庭中，家长为孩子提供情感支持，鼓励其勇敢探索自己的兴趣和职业方向。通过家庭讨论、职业体验等方式，帮助孩子建立自信，培养独立思考和自主决策的能力。例如，家长可以与孩子一起制订职业探索计划，鼓励孩子参加相关的社团活动或实习项目，让他们在实践中感受职业的魅力和挑战。

社会是学生生涯发展的舞台，是“生涯聚能环”的重要动能。学校主动与社会各界建立联系，引入丰富的外部资源。与各大企业、行业协会紧密合作，邀请行业精英举办讲座，内容涵盖科技、金融、艺术等多个领域。这些讲座不仅为学生提供了前沿的行业信息，还让他们有机会与行业专家面对面交流，了解不同职业的特点和发展趋势。

学校还组织学生参观企业、科研机构，开展职业体验活动。这些活动让学生有机会走进真实的工作环境，了解不同职业的日常工作内容和工作流程。学生在参观金融企业时，了解了金融市场的运作机制，对金融行业的复杂性和专业性有了更深刻的认识；在参观艺术机构时，他们欣赏了优秀的艺术作品，感受了艺术创作的魅力。这些职业体验活动不仅丰富了学生的课外生活，更让他们对未来的职业选择有了更清晰的方向。

家校社协同育人的创新实践，成效斐然。学生们在生涯规划上的迷茫和困惑明显减少，自我认知更加清晰，职业兴趣更加明确；家长对生涯教育的认知大幅提高，能够更好地理解和支持孩子的职业选择；学校、家庭、社会之间的协同育人机制日益完善，各方资源得到充分整合和利用。清华附中坚信，在家校社的共同努力下，定能够为学生的生涯发展创造更加美好的未来。

七、水木清芬读书会的成长故事

文 / 高 23 级学生朱采文家长　文林

家校共育的基础是理念共识，而共识的基础是对教育的理解和认知。与家长达成共识，是家校真正实现“共育”的关键。清华附中的家长普遍具有较高文化素养，但他们对教育的理解，具体到每个学生身上，仍然具有较大差异。显然，仅仅靠学校单向的告知、宣讲，并不能形成家校共育的合力。“常联系，多活动，抓学习”成为清华附中家校联动的一大特色。在家校社专项工作委员会的领导下，清华附中形成了全方位、多层次的家校沟通与协作机制，组织了多个家长社团，其中水木清芬读书会是很有代表性的一个“家长学习共同体”。该读书会成立 4 年来，以“共建和谐美好的家庭关系，为孩子的成长提供更多支持”为切入点，组织家长阅读了《沟通的方法》《点燃孩子的内驱力》《与青春期和解》《幸福之路》等作品，为家长在提升思想认识、改进日常行为、改善沟通方式等层面提供了多维度指导。

又是一年入学季，孩子们满怀兴奋踏进清华附中校园。与此同时，家长们惊喜地发现，自己在学校里也有了专属

“组织”：读书会、跑团、书画社……家长们依据不同兴趣，迅速融入校家委会组织的六大家长社团里。其中，以“水木清芬”命名的读书会是成立最早的社团。它秉持共育、共读、共享的原则，组织家长们一起阅读优秀书籍、交流分享心得，推动家长自我教育与子女教育融合。

水木清芬读书会在校家委会指导下由家长志愿者负责运营。自2021年6月成立以来，已成功举办29期共读活动，吸引了附中数千名家长踊跃参与。作为家校社协同育人平台，读书会通过阅读活动搭建起家长与学校之间的沟通桥梁，增进了双方的理解与信任。通过领读、线上线下分享、亲子共读等多样化的活动形式，读书会为家长们提供了相互支持的成长空间，形成常态化学习共同体。这不仅帮助家长树立科学的教育理念，还推动了学校教育目标的实现，营造出家校社协同育人的良好氛围。

1. 聚焦青春期：家长学长传帮带，主题共读促成长

2024年暑假，新学期尚未开始，初24级的新生家长便投身于读书会的首场活动中。活动以共读《与青春期和解》为起点，引导新生家长关注如何正确认识青春期孩子身心发展特点、如何与之相处、怎样帮助青春期孩子等问题。高年级家长现身说法，精心组织线上分享和线下工作坊，帮助新生家长提高认知，避免对孩子青春期行为误判，为陪伴孩子平稳度过青春期筑牢基础。不少家长感慨：“学校读书会是在遇到孩子成长关键期问题时的好帮手。”“共读书、同交流改善了家庭亲子关系。”

读书会在一定程度上承担了家长学校的角色。在这里，家长们通过持续的共读、共写及共同活动，拥有了共同的语言、理念、价值和愿景，教育理念得以显著提升。根据

家长们关心的家庭教育问题，读书会先后组织《比青春期更关键》《亲爱的孩子见字如面》《屏幕时代》《我们今天怎样做父亲：梁启超谈家庭教育》等书籍的共读活动。一些校外专家也应邀参与其中，如《与青春期和解》的推荐序作者、《比青春期更关键》的译者苏彦捷教授就亲临清华附中，与家长们进行交流互动。通过书中案例和专家解读，家长们认识到青春期孩子更需要理解与支持，而非单纯约束和管控，从而改变了以往一些“鸡娃”式教育方式，学会尊重孩子的个性，引导孩子自主成长。

读书会不仅致力于形成基本统一的教育理念，还紧跟新课标改革方向，将最新学习理念融入家长学习过程，培育优质家庭育人环境。2024 年春季，共读李泽厚先生的《美的历程》，便是一场精彩纷呈的项目式学习。家长们围绕“中国美学如何发展变迁？”这一问题，分工整理全书精华，通过思维导图、文字导读、鉴赏卡片、金句摘抄等形式呈现成果，其中的书画板块与六大社团中的水木清芬书画社合作完成。随后，读书会邀请央视《国家宝藏》国宝守护人、北京大学考古学博士、中央美术学院人文学院副教授耿朔老师走进清华附中，举办《共读人文经典，重走美的历程》线下讲座。校领导参加并称赞这次活动提升了家校社协同育人中美育的高度，肯定了家长们共读经典的热情，期望家长摆脱功利思维，多读书，借经典提升自我，以更清醒的认识“做自己”。

与学校的理念同频共振，探索多方协同育人新路径，也是读书会的不懈追求。2024 年秋季的“大学主题”共读活动，深入探讨了大学教育对学生未来发展的影响，契合清华附中“当好人民教育新示范，办好强国教育新样板”的发展愿景。读书会选取《金榜题名之后：大学生出路分化之谜》和《优秀的绵羊》两本书对比阅读。前者关注不同家庭背景的大学生在大学期间的成长路径，为寒门学子提供慰藉和帮助；后者反思精英教育，探讨改进大学教育目标和方式，培养有使命感和社会责任感的领导者。之后，读书会又以“扬起自己的帆，创建有意义的人生”为主题举办线下沙龙，吸引了百余名家长和学生参加。清华大学大一学生王彦鲁学长以“学长看大学”为主题，为在校学生提供了真实的大学生活体验和建议。学生发展中心副主任唐洁老师出席并发言，她激励大家不惧迷茫，到阅读和行动中去探索意义。活动通过探讨大学教育的目标和方式，引导家长和学生建构有意义的教育观、价值观和人生观，为清华附中“家国君子”的培养目标添砖加瓦。

2. 亲子共读：书房为翼，同筑成长“学区房”

诚如《朱永新谈读书》中所言：“大人读书时专注的神态和满足的表情、大人之间讨论书中的人物与故事、亲子之间交流共读的心得，这些做法会比简单地把书丢给孩子，或者直接把书‘喂’给孩子，更能够把孩子带进阅读的世界。”

水木清芬读书会虽然以家长为主体，活动并不直接面向孩子，但家长们享受阅读、合作共读的美好状态会真实地影响其他家庭成员。与独自阅读不同，共读带来很多批判性的思考与碰撞，让书中知识与生活紧密联结。家长和孩子在阅读同一本书时，由于年龄、阅历和认知水平的差异，会产生不同的理解和感悟。例如，在阅读《金榜题名之后：大学生出路分化之谜》时，家长多关注家庭背景对孩子大学生活的影响，孩子则更关心如何在大学中找到自己的方向。通过交流，双方能够分享各自的观点，互相启发。在阅读《优秀的绵羊》时，家长和孩子可以一起探讨精英教育的利弊，思考如何培养自己的独立思考能力。

家里的书房堪称最好的“学区房”，因其营造了一个充满爱与知识的环境。而水木清芬读书会则将这种家庭学习的氛围扩展到了更广阔的层面，构建起无边界的美好学习空间。2024年暑假，在共读林语堂的《苏东坡传》时，家长们分享了苏东坡的诗词、生活趣事以及相关的历史文化背景，在充实自身知识储备的同时，也为孩子提供了学习的素材。这种亲子共读的方式，让孩子在家庭环境中就能接触到丰富的知识和文化，拓宽视野，提升综合素养。此外，每个家庭结合自身兴趣，又创造出更多个性化的学习和体验方式，如参观三苏祠、苏堤跑步、观看相关纪录片等，将阅读与生活深度融合，让学习不再局限于书本。这种无边界的阅读体验，不仅让家长和孩子在阅读中获得了知识与乐趣，还增进了彼此的理解和信任，形成温暖的家庭学习环境。在“我们的北京”主题共读活动中，家长和孩子一起阅读史铁生的《我与地坛》，并参加建筑学专业家长的线上分享会，实地参观圆明园和地坛公园。这些活动加深了孩子对北京的了解，也增进了亲子关系，让孩子在实践中感受到阅读与生活的紧密联系。水木清芬读书会通过这些活动，为家长和孩子提供了一个互相启迪、温暖和滋养的精神家园，让大家收获了知识，感受到彼此的支持和鼓励，实现共同成长。

3. 协同共进：创新发展，育人之路无止境

在水木清芬读书会，组织者和参与者不仅是阅读的推广者，更是家校社协同育人理念的践行者。他们在繁忙的工作和生活之余，凭借对阅读的热爱和对协同育人的责任心，积极探索创新、反思改进，将读书会打造成一个充满活力、不断成长的组织，助力家长和孩子在阅读中共同成长。

整合资源，拓展视野。读书会充分利用清华附中的优质资源，邀请众多知名作者和专家学者参与活动，如《薄

世宁医学通识讲义》的作者薄世宁教授、《沟通的方法》作者脱不花女士等，为家长和孩子提供深度交流的机会，拓宽视野，引发深入的思考。

家校携手，深化共读。清华附中的老师们积极参与读书会，成为智囊团，为家长和孩子推荐优质书籍，如历史组王敏老师推荐了《中国近代史》《屏幕时代》，语文组邱晓云老师推荐了《城门开》等。通过亲子共读，家长和孩子拓展了课内知识，提升了亲子交流的质量和温度，形成了良好的家校互动模式。

五育融合，优化选书流程。读书会规范选书流程，每半年进行一次选书，兼顾经典与前沿，涵盖教育、文史哲、人工智能、健康等多个领域。2024 年起，读书会采用“三圈四类”选书系统，该系统包括“核心圈”（青少年家庭教育与亲子关系）、“中圈”（个人发展与终身成长）、“外圈”（人文通识）3 个层次，确保选书丰富全面，满足不同家庭的需求。

各美其美，多元参与。读书会鼓励家长根据兴趣和特长参与共读活动，擅长梳理者制作思维导图、擅长写作者分享读后感悟、擅长思辨者提出问题激发探讨等。这种多元化的参与方式，不仅丰富了读书会的形式，也提升了家长和孩子的参与度和积极性。

团队建设，持续发展。读书会的发展壮大离不开校家委会的指导和支持。从 2021 年成立至今，读书会不断完善团队建设，设立策划组和传播组，明确家校社协同育人目标，加强与校家委会等各部门的合作。2024 年，读书会被推广到附中集团校，奥森、将台路校区通过共同组织读书会变得空前紧密，营造出良好的协同育人氛围。

通过这些努力，清华附中水木清芬读书会为家长和孩子提供了丰富的阅读资源和交流平台，在实践中不断探索和创新，推动家校社协同育人模式的深化和发展。在这里，家长和孩子共同成长，让协同共育的理念落地生根，成长之路永不止步。

4. 尾声

2025 年寒假，读书会第 29 期活动组织共读《县中的孩子》，这是方妍校长推荐给附中全校老师的书。方校长在推荐信中提到:“附中再进步，恐怕不是技能的问题，而是格局。这种格局，需要始于对当下中国基础教育的普遍关怀，并因这种关怀更加深刻地理解和感悟中国基础教育必须走出的困境，然后‘返回’到附中的教育中，使我们力主的‘回归教育本质’成为更有温情的行动。”

回归教育本质，并非学校孤军奋战，家长需要履行家庭教育主体责任，培育积极健康的家庭文化，树立科学的教育理念，主动与学校教育协同配合。水木清芬读书会将继续秉持初心，陪伴更多的附中家庭在书香中幸福成长。

第九章 集团化办学

——构建教育发展命运共同体

党的二十届三中全会指出，教育、科技、人才是中国式现代化的基础性、战略性支撑，加强教育体系建设和教育资源投入，提高教育质量，是教育工作者的职责和使命。近年来，我们逐渐发现教育层面最突出的矛盾就是人民群众不断增长的高质量教育需要与优质教育供给不足之间的矛盾，人们在满足了“有学上”的基本需要后，对于优质教育资源的渴求，即“上好学”的愿望越来越强烈。

清华附中作为清华大学的附属中学，有着110年的办学历史，至今已经成长为一所在国内外基础教育领域颇具影响力的中学，积累了先进且独具特色的办学经验，为国家培养出了4万余名各行各业的优秀人才，以实际行动回答了习近平总书记提出的“培养什么人、怎样培养人、为谁培养人”的问题。从2010年开始，学校正式承办北京市朝阳区新源里中学，标志着学校正式踏上集团化办学之路。十余年来，清华附中不断探索和积累集团化办学经验，为我国基础教育改革与发展提供了宝贵借鉴。

一、输出办学理念，积极服务社会

清华附中一直将积极服务社会作为自身使命之一，特别是进入21世纪以来，党和国家吹响了全面建成小康社会的号角，学校积极响应号召，致力于教育扶贫事业，希望通过引领、辐射自身优质教育资源，为国家促进教育公平、实现区域教育优质均衡发展贡献清华力量。而北京市及京外教育薄弱地区的政府和学校，由于受各种资源条件的制约，难以靠自身力量在短期内实现教育质量的提升，需要借助外力来快速提升本地区教育质量，以满足老百姓在家门口“上好学”的迫切需要。正是在这样的背景下，清华附中在继续推进本部高质量发展的基础上，协调巨大的人、财、物资源开始探索集团化办学模式。

清华附中集团化办学的主要目标是通过集团化办学，实现集团内教育资源的优化配置，向所承办的集团校输出清华附中的办学理念，运用清华附中的治校方式来管理各集团校，在短期内快速提升各校的办学水平，满足当地人民群众对优质教育的需求，并最终努力将每一所集团校办成集清华风格、附中特色和本地品质于一身的名校。

2010年，为了落实北京市政府关于推动优质教育资源辐射的相关要求，学校在北京市朝阳区承办了第一所集团校并将其更名为清华附中朝阳学校。随后，清华附中陆续在京内外开办新学校或者承办原有薄弱学校。2014 年开设第一个分校区——北京市统筹项目清华附中奥森校区和清华附中将台路校区，2015 年开办第一所京外校——陕西省西咸新区秦汉中学（又称清华附中秦汉学校），2017 年开办第一所乡镇校——陕西省清华大学附属中学文安驿学校。目前清华附中教育集团校共有京内 19 所和京外 10 所学校，涵盖从幼儿园到高中各学段。

所有集团校均为公办学校，根据是否冠有“清华附中”校名及派出干部任职情况，分为全面管理、参与管理与部分参与管理 3 个类别。全面管理集团校是指冠用清华附中名称且由清华附中选派人员担任校长和法定代表人，派出管理团队实行全面管理的集团校。参与管理集团校是指不冠用清华附中名称，清华附中可选派人员担任校长和法定代表人，派出管理团队参与管理的集团校。部分参与集团校是指不冠用清华附中名称，清华附中不选派人员担任校长和法定代表人，派出管理团队仅在教育教学、师资培训等方面根据合作方需求部分开展合作的学校。

二、结合实际创新，健全机制制度

为了更好地实现“本部引领，带动29所集团校”的良性态势，学校聚焦构建教育集团治理体系，提升集团治理能力，努力建设集团校命运共同体，重点着力在以下几个方面。

创新管理体制，完善组织架构。在清华大学党委的统一领导下，成立清华附中教育集团，设立教育集团理事会。理事会对集团校实施统一领导、统一干部任命、统一管理文化、统一调配资源、统一指导评价的政策。理事会下设管理办公室，其主要职能为贯彻落实集团校的各项制度规定，对各集团校进行统筹协调、管理监督等。

建立制度体系，规范工作流程。根据清华大学关于基础教育领域集团化办学管理办法，制定《清华附中集团校管理制度汇编》，明确规定了集团化办学的总则、章程、干部管理、教师管理、教育教学指导、党建工作指导监督、考核等办法。这些制度成为集团治理的重要依据，有效规范了本部与集团校之间的管理和沟通机制，实现了各种资源的高效协调，确保了各项工作有序开展，提高了教育集团的整体运转效率。

做好培训考核，提升教师素质。高素质的教师队伍是实现学校高质量发展的源头活水。要想提升集团校的办学质量，先要提升集团校干部教师的业务能力。为此，集团分干部和教师两个层面进行分类指导和培训。

在干部建设方面，集团首先做好各集团校的班子建设，从清华附中本部或者已有的集团校内选择专业素质高、管理经验丰富的优秀管理干部组成集团校的管理团队，确保他们能将清华附中本部的先进办学理念辐射到集团校。其次，以本部干部标准组织所有集团校现有干部任职能力的培训提升，本部先后两次开设为期一年的干部能力提升学习班，邀请国内外知名的教育专家、行业模范进行政策理论、专业知识及技术技能等综合培训，并积极在集团内进行干部跟岗和轮岗，以实践岗位锻炼促进干部成长。同时，做好干部考核，学校制定干部考核办法，每年度开展集团校干部考核，并将结果纳入绩效管理。对于考核优秀的人员进行奖励，对于考核处于末位的人员进行诫勉谈话。最后，学校时刻紧盯干部的党风廉政教育，进行干部任前谈话，定期开展廉洁教育、警示教育，以风清气正的教育环境来涵育干部。

在教师队伍建设方面，学校对各集团校的教师实施全流程培养。一是从源头抓起，精心选拔。在清华附中本部的领导和组织下，各集团校以本部的教师标准招聘新教师，严格把好第一关，确保集团校招聘到高素质的教师。二是从起步阶段就开始培养，为教师的成长筑牢基础。每年暑假之初，所有集团校新教师都在清华附中本部进行统一规范的新教师培训。培训为期一周，从师德师风、教育理念、教学基本功等各方面进行培训，提升所有新教师的专业素养。三是从做中学，持续提升教师的业务水平。本部组织集团校教师不定期到本部进行跟岗学习、参观实践，开拓集团校教师的教育视野、激发其工作潜力。四是全过程培养，资源共享。在本部的组织带领下，各集团校教师每学期在线上进行有规律的课程教育培训，与本部教师共同开展教研，分享经验及优质的课程资源。

加强协调指导，实施检查评估。在教育集团内部充分借助科技赋能，利用线上办公系统（OA）实现集团内重大事项规范协调、集体决策。

为了尽快提升集团校办学水平，清华附中本部在充分统筹规划的基础上，每学期对集团校进行教育教学指导，内容包括组织学科教学专题培训，将本部开展的全部教育教学活动面向集团校开放，组织本部专家到集团校进行教育教学实地指导，组织本部教师与集团校教师师徒结对，举行本部与集团校学生间互访交流活动，以朋辈互助的方式促进学生互相帮助共同成长。同时，教育集团每学年对各集团校进行一次办学考核，每 5 年开展一轮全面的检查评估，内容包括党建引领、学校管理、教育教学、师资建设及育人实效等方面，以评促建，推动集团校办学水平实现全面提升。

三、办学成果斐然，不断总结完善

清华附中集团化办学历经 25 年，已经汇聚起一股集团化办学可持续发展的强大力量，取得了累累硕果。

各集团校自身办学水平不断提升，已成为当地老百姓家门口的优质学校。清华附中上地小学和清华附中上地学校从最初的外来务工子女学校已经成长为海淀区“新优质校”；清华附中福州学校作为一所新校，首届高考就有学生成绩达到清华大学本科录取分数线；清华附中文昌学校首届学生的高考成绩各项指标超过当地老牌优质校；清华附中文安驿学校地处陕北老区，通过办学有效地减少了老区生源的流失，直接助力当地经济发展。

深度辐射高质量优质教育资源，带动区域教育质量提升。朝阳区承办的清华附中朝阳学校、管庄学校、望京学校和广华学校，成为朝阳教育“四小龙”。清华附中嘉兴学校着重特色办学，带动嘉兴在区域特色人才培养方面取得显著成效。昆明西南联大研究院附属学校在清华附中本部的带领下，带动了整个昆明周边教育薄弱学校的发展。

加强教师队伍建设。清华附中志新学校，作为一所有着较长办学历史的老校，在本部引领下，激活原有教师活力，在短期内涌现出一批名师。清华附中文昌学校、秦汉学校经过 6 年一轮的教育教学实践，将一批年轻的新教师培养成骨干。清华附中湾区学校培养带动当地干部、教师队伍更新理念，实现专业发展。

因地制宜推动集团化办学。在集团校移植推广本部的教育理念和办学特色时，要充分尊重和考虑集团校所在地区教育部门、师生及家长的实际情况，灵活办学，不能生硬照搬本部模式。清华附中在集团化办学中，引导各集团校在办学之初就立足当地文化特色，同时兼顾清华附中的文化理念，既顺应当地教育生态，又有自身的创新做法。

实现资源共享发展共赢。集团化办学不只是单向的输出，也能有效推动校际间、地区间的资源优化共享，实现双赢。清华附中各集团校地处北京各区、京外各地，有着各自独特的地理人文教育资源，在教育集团内可以实现资源共享，打造教育集团特色课程。例如，清华附中本部可以借助海南的文昌学校、西安的秦汉学校等集团校打造综合实践文化考察课程，借助地处高原的西南联大研究院附属学校及外地集团校优越、完善的体育训练条件进行体育特长生的训练。而对于各集团校来讲，则可以充分依托本部前沿的教育资源来打造自身的特色课程体系和育人模式。

协调管理需科学合理。教育集团内的各校成长水平不是整齐划一的，要在尊重差异的基础上进行分类管理。集团化办学涉及多校管理，各集团校承办建立的时间不同，体制学段不同，具备的办学环境不一，如何在保持各校特色的同时实现统一管理和协同发展是一个重要挑战。例如，不同学校的校园文化、师资水平和学生基础存在差异，需要在顶层设计上进一步优化，制定本部对各校不同的扶持重点与措施。有的集团校已经成长为当地的名校，本部对它的扶持可以适当减少。集团校还分幼儿园、小学、初中及高中，本部对其进行指导、培训时应根据不同学段的特点进行资源输出。

四、扎根黄土，生生不息——清华附中文安驿学校

文 / 清华附中文安驿学校　王金玉

2018 年，在国家大力推行乡村振兴、扩大优质教育资源覆盖面的背景下，清华附中文安驿学校在陕西省延安市延川县革命老区文安驿镇落地生根。这所学校是清华附中众多集团校中唯一的一所乡村学校，也是全国少有的名校在乡村开办的分校，彰显着清华附中的担当和家国情怀。学校筹建条件艰苦，但是清华附中派出的干部不畏艰难，为大山里的孩子带去了清华的精神和对未来的信心。透过本文中清华附中文安驿学校负责人的视角，我们或可感受到办学路上，“艰难困苦，玉汝于成”的不易与收获。

2021 年 7 月，在接到赴清华附中文安驿学校做第三批轮岗干部的通知时，我忍不住翻开在陕西师范大学读书时的日记，看着那些泛黄纸页上记录着的信天游与窑洞学校的故事，我突然感受到一种使命的召唤。在文安驿学校第一次与同事们见面时，我说：“30 年前，我来陕西学习如何教书；30 年后的今天，我接过清华附中乡村振兴的接力棒，和你

们一起学习如何让黄土地与清华精神对话。”

1. 传承与新生：黄土地上的清华匠魂生长志

清华附中文安驿学校（以下简称“文安驿学校”）支教长廊的玻璃展柜里，21 名驻校轮岗教师留下的教学资源与 29 位清华支教团成员的工作日志错落有致地陈列着，好似交响乐的总谱与各声部分谱。当第三批轮岗者接过接力棒时，我们发现真正的教育帮扶不是嫁接名优教案，而是唤醒黄土地深处的知识根系。

文安驿学校新教师入职前需完成“双城记”历练：在清华附中本部接受入职教育，在文安驿学校试岗 1～3 个月并通过调研，适应周边生活。这种认知的撕裂与缝合，让年轻教师懂得“行胜于言”不仅镌刻在清华日晷上，更要践行在偏远乡村的支教行动中。

入职后，学校组织青年教师参与“教育寻根行动”：通过走访梁家河、参观路遥故居、与当地老教师对话等方式，深度调研陕北地区的教育实践与核心理念；依托本校“班主任工作坊”“教师成长工作室”等平台，通过讲座研讨、实践演练、技能竞赛等多元化形式开展在岗研修，帮助教师将理论转化为教学行为，持续优化教学方法；最终完成岗位培训目标，实现从理论到实践的突破，促进教学能力的全面提升。

我们建立起“年轮式教师成长模型”。3 年教龄的教师必须带教新入职者，就像黄土高原的槐树，老枝为新芽输送养分，而新叶的光合作用反哺整个树冠。当 20 世纪 90 年代后出生的教师王丹在市级赛教课上，用文安驿的民俗讲解语文时，评委们看到的不仅是教学创新，更是一个教育生态系统的成熟。

近 3 年，这所教师平均年龄仅 27 岁的学校交出了双重答卷。在量化维度上，136 人次赴京培训，开展 122 场教学研讨，入选 6 个省级课题；在生命维度上，63% 的毕业生选择师范或农林专业。学生在给我的毕业留言里写道："清华附中教会我用函数计算未来，文安驿的沟壑教会我用脚步丈量土地。"

2. 浸润与生长：黄土地里的清华基因觉醒录

我们始终坚信，清华学子的精神血脉不应囿于象牙塔的穹顶之下，而要在黄土地的褶皱里向下扎根、向上生长。文安驿学校近 4 年的成长，以"清华基因 + 乡土浸润"为育人内核，构建起独属于这片土地的育人体系，让教育在沟壑纵横间完成文明的基因重组。

"行胜于言"的校风是我们的行动准则。无论是研学考察，还是文体活动，我们都会像考古学家般严谨。校园课题"文安驿文化特色校本实践课程探究"求证了古驿道的历史，测量了文安驿川的水质数据，并建立起生态模型，让每个活动成为淬炼实干精神的熔炉。"无体育，不清华"的传统也在塬峁间回响着。晨跑队列踏碎黄土高原的晨雾，中考体育满分率连年稳居延安之首。"服务社会"是我们的精神坐标。学生志愿者的身影活跃在学校的各种活动中，足迹遍布他们生活的每一个乡镇。

借助地理赋予的红色资源优势，我们将社会主义核心价值观具象为可触摸的记忆。每周的"升旗课"不是简单的仪式。每个"清小文"（清华附中文安驿学校学生的昵称）在校期间都要承担一次升旗任务，升旗结束后全员朗诵社会主义核心价值观。在纪念“一二·九”运动革命历史短剧展演活动中，学生用陕北方言重新演绎《南泥湾大生产》《红岩》《丰碑》，让历史在方言的肌理中复活。我们会带领学生远足，去梁家河的知青旧居体验知青夯土打坝的农具、吱呀作响的石碾、挑粪拉煤的扁担。流动的课堂让红色基因不再是悬浮的口号，而是可解析、可转化的知识载体。

我们将中华礼仪细化为《文安驿学子修身准则》。入学第一课从擦拭课桌、行礼问候开始引导，让学生的敬畏之心生于毫末。学科节庆也成为文化再生的实验室：春节的花灯里融合着拓扑学原理，学生制作出正十二面体的星空灯；端午诗歌节上涌现的《今夜，我的思念穿越千年——离骚新咏》出现在延川新闻里；中秋晚会的灯影表演，让航天精神与古老非遗展开对话。

站在 2025 年的时光里回望，我们深刻地认识到：教育帮扶不是单方输血，而是唤醒本土生命力的艺术。当我们三代附中人把清华的“自强不息”刻进黄土高原的沟壑，延川的“实事求是”也重塑了我们的教育观。此刻窗外，那批 2017 年种下的槐树已亭亭如盖，而我手机里的数据不断更新：学生的“一本”上线率较 3 年前提升 20%，63% 的毕业生志愿填报师范或农林等专业；2022 年，学校荣获延川县“团建工作先进集体”等荣誉称号，并开始对口帮扶永坪中学；2023 年，学校被陕西省教育厅认定为省级标准化高中，荣获延川县“教育工作考核先进单位”称号；2024 年清华附中文安驿学校获评全国教育系统先进集体。

晨光里，“清小文”跑步的足音敲响了黎明；暮色中，又有学生跑来请教问题，奔向明天。望着少年奔跑身影，我耳边忽然想起钱穆的话：“教育当从土地里长出根系。”在这片曾诞生《人生》的土地上，从教 30 年的我读懂了路遥笔下“像牛一样劳动，像土地一样奉献”的真谛。

五、早期集团化办学的探索之路——清华附中朝阳学校

文 / 清华附中朝阳学校　闫立华

2010 年，为服务国家基础教育均衡发展战略，助力北京市以提高教育质量为核心，打造教育均衡新地图，清华附中积极承担社会责任，在朝阳区教委的邀请下，承办新源里中学，并将其更名为清华大学附属中学朝阳学校（下文简称清华附中朝阳学校），正式开启清华附中早期集团化办学的探索之路。经过 15 年的发展，清华附中朝阳学校在朝阳区已承办了 7 个校区，覆盖了 5000 多名学生，办学成绩得到当地教育部门的高度认可，已然成为老百姓家门口的优质学校。作为朝阳区名校引进、集团化办学的成功代表，清华附中朝阳学校在朝阳区出示范、立标杆，助力朝阳教育事业优质均衡发展的成效显著。

在国家大力推进教育均衡化、促进教育资源公平分配的背景下,《首都教育 2010 发展纲要》明确提出了“名校办分校”的政策。朝阳区在这一政策的指导下，积极引进市内外优质教育资源，清华附中朝阳学校便是这一合作办

学的成功案例。作为清华附中教育集团的一员，我有幸见证了清华附中朝阳学校的发展全过程。

1. 筚路蓝缕，专业管理激发活力

与很多其他名校的分校不同，清华附中朝阳学校并非新址办学，而是由原新源里中学等几所学校合并而来的。在清华附中承办前，初一新生仅招收 4 个班，而在承办后的第一年，招生数量便增加到 6 个班，第二年更增至 8 个班。2010 年更名之初，学校面临诸多挑战：师资力量参差不齐，学生基础薄弱，教育教学质量不高，社会认可度极低。在这种情况下，学校如何实现快速转型，脱颖而出，赢得社会的广泛尊重与认可，成为一个重要课题。

在当前教育均衡发展的背景下，一系列问题摆在我们的眼前。首先，当清华附中的文化与新源里中学的文化相遇，如何将两者融合成适应学校发展的新文化？其次，面对新变化，师生如何应对各种挑战？最后，学校如何借助清华附中的优质资源，在继承传统的基础上探索自主发展之路？

回顾过去，清晰的画面浮现在眼前。自 2010 年 5 月以来，清华附中凭借师资优势，选派了一批经验丰富的教师团队，为朝阳学校的发展奠定了坚实的基础。执行校长秦洪明凭借其丰富的教学经验和卓越的管理能力，为学校发展指明方向；人事干部董蓓以其敏锐的洞察力和公正的评判标准，成功选拔了一批优秀教师；青年干部朱建宏为学校的信息化建设注入了新的活力；化学教研组长吴长虹则以深厚的学科素养，推动学科建设不断前行。此外，特级教师杨建宇以其爱岗敬业的精神，成为学生们的楷模，激励着大家共同进步……

经过15年的不懈努力，清华附中朝阳学校已然成为一所充满活力和特色的学校，清华文化在朝阳区绽放出耀眼的光芒。在这一成长历程中，我们不仅看到了教育资源的优化配置，更见证了教育理念的传承与创新。清华附中的引导与支持，使得朝阳学校在师资队伍建设、校园文化塑造、特色教育项目开展等方面取得了显著成效，逐步形成了独具特色的教育品牌。

2. 文化浸润，特色定位成就品牌

通过打造共同的愿景和文化价值观，学校实现了平稳过渡。在稳中求变、变中发展的过程中，学校借助清华附中的优质资源，逐步探索出符合朝阳区域教育特色和办学定位的自主发展之路。目前，学校已基本完成战略布局，进入快速发展期，教育和教学内涵得到了显著提升，初步形成了优良的教师团队，建设了以“体现清华文化，弘扬清华精神”为主旨的校园文化，成为朝阳区文化建设的“窗口校”。

清华附中拥有优良的美术和体育教育资源与传统，清华附中朝阳学校也传承并发展了美术和排球的特色教育。学校开展了“以美育为先导，创建全面育人的美术特色学校”的课题研究以培养美术特长生；依托清华附中的美术教育和排球教育资源，建立了专业的课程教学体系；面向全市招生，确保生源质量；邀请强大的师资团队指导学生专业训练。学校已成为清华大学美术学院的生源实验基地，毕业生均考入全国重点艺术院校，排球队自2011年成立以来在各级比赛中屡获佳绩。

近年来，学校先后被评为北京市科技教育示范校、北京市健康促进学校、北京市首批中小学文化建设示范校、朝阳区素质教育示范校。同时，学校的中高考成绩也连年获得“高考优秀校奖”和“中考工作优秀校奖”，中高考成绩在朝阳区名列前茅，特别是高考成绩进入前三甲，由原来的二类校提升为一类校，赢得了社会的广泛认可和尊重，成为“名校办分校”的成功典范。

展望未来，清华附中朝阳学校将继续秉承“追求卓越，服务社会”的办学宗旨，深化教育改革，努力为学生提供更优质的教育服务。在这条充满挑战与机遇的道路上，清华附中朝阳学校将不断书写新的篇章，成为新时代教育事业的先锋，为实现教育的美好愿景而不懈奋斗。

六、红船映初心——清华附中嘉兴学校

文 / 清华附中嘉兴学校　解礁

2021 年 9 月，清华附中嘉兴学校在中国革命红船的启航地、享有“江东大都会”美誉的嘉兴南湖区落成开学。南湖区作为国家科技创新的高地，聚集着众多科学家、教育家和企业家。清华附中嘉兴学校就是要为区域高质量发展服务，为国家科技创新服务，用基础教育留住人才，用基础教育培养未来高层次人才。面对江浙地区先进的教育改革理念和实践成果，清华附中的育人理念能否落地生根，特色办学能否为当地教育注入新鲜血液、释放更多活力，是这所新建校面临的挑战。清华附中嘉兴学校向新而行，在当地勇立潮头，贯彻清华附中特色育人理念和拔尖创新人才培养模式，打造出了以教学为主体，结合科技创新人才培养、学科竞赛人才培养和高水平体育人才以及高素质艺术人才培养于一身的一体多翼办学格局。通过本文，读者可走进这所年轻的学校，感受清华附中历久弥新的育人传统和文化力量。

近年来，嘉兴教育领域备受瞩目的学校之一当属清华附中嘉兴学校（以下简称清嘉学校）。作为清华附中教育集团成员、浙江省唯一一所清华大学基础教育合作校，清嘉学校自2021年9月建校以来，以“清华基因”深耕江南沃土，在红船启航之地绘就基础教育现代化的崭新篇章。

当南湖晨雾轻抚教学楼的尖顶，清禾园内总有人在“自强不息，厚德载物”的校训石前驻足凝思。建校时种下的银杏已亭亭如盖，见证着教育追梦人的匠心与坚守——从全国各地奔赴江南水乡，从蓝图擘画到现实答卷，清嘉人以创业者的脊梁撑起嘉兴教育的一片苍穹，用两千多个日夜的星火，点燃了嘉禾大地上动人的教育之光。

1. 以校为家，此心安处是吾乡

2020年8月，正值全国抗疫关键时期，我接到南下办学的任务，毅然告别两个孩子和工作生活十几年的清华园，离开熟悉的北京城，奔赴嘉兴筹建清华附中分校。

异地办学的艰辛，因地方政府的鼎力支持而化为前进的动力。为确保工程如期交付，嘉兴市教育局局长武曜云、时任南湖区副区长俞益东每周带队到工地察看工程质量、督导工程进度，并悉心指导学校的筹备和开学工作。为保障如期开学，建校初期，工程交接、学校布置、各类宣传、教师招聘、入职培训、招生工作、制定规章，这些千头万绪的工作都是筹建组老师们在两三年全年无休的状态下完成的。

在学校建设的时期，十几名老师只能借址办公，后来办公室不够，几位老师就在一辆车里办公。老师们吃饭也是问题，最终经学校积极协调，在大桥镇中心小学单校长的帮助下，我们终于有地方可以“搭伙蹭饭”。2022 年 9 月，为了方便工作，我将孩子从北京清华附中转至清嘉学校就读。我始终坚信：“若校长对学校缺乏信心，何谈成功？”

任何伟大的事业，都始于梦想而成于实干。在清嘉学校，没有“我”，只有“我们”。一年暑假招生季，负责招生的干部王老师工作告一段落后，带着两个孩子准备回老家探亲，刚到机场准备乘机时，接到上级最新安排——招生组老师仍需继续加班。王老师毅然带着两个孩子和行李回到清嘉学校，与大家奋战在一起。

开学后为了加强凝聚力，老师们共同研讨，凝练出“坚持真理，坚守理想，践行初心，勇担使命，爱校爱生，甘于奉献，不懈奋斗，不负人民”的清嘉学校建校创校精神，并将其张贴在每间办公室墙上。如今，清嘉学校教师团队已壮大至 300 余人，平均年龄 34 岁，研究生学历占比达 80%。清嘉学校教师一条心、一张图、一起干，创校精神被老师们的众志成城、真抓实干完美诠释。

2. 立德立言，一树紫荆映南湖

一流教师创办一流学校，培育出一流学生。师生的发展进步都需要精神引领和文化涵养。清嘉学校以“清华紫，南湖红，江南绿，科创蓝，荣耀金”构建五彩校园文化，融汇中华优秀传统文化、革命精神与清华基因，打造师生共有的精神家园。

在追求成功的道路上，热爱胜于一切。学校努力让清嘉成为师生最喜欢的、最有归属感的地方，让学生在快乐学习中体验学习的快乐，让教师在幸福的职业中追求职业的幸福。清嘉学校的教师们怀揣对清华教育的热爱和激情，发扬“爱国奉献，追求卓越”的优良传统，时刻践行“时代为志，育人为本，行动为要”的办学思想，把工作当学问做。几年来涌现出了众多育人典范、“明星”教师、新秀教师。清华大学毕业的李老师，牵头组织了10余次“水木清嘉学思沙龙”，负责学生心理健康教育工作，为每一位寻求心理咨询的学生建立心理成长档案，并发表个人专著，指导老师们采用积极的教育模式，开设家长课堂。数学组李老师在命题说题比赛中荣获嘉兴大市第一名，清嘉高中老师参加市教职工技能大赛荣获团体金奖。学校每月评选月度人物，以表彰清嘉学校教师的爱校情怀和卓越贡献。

为贯彻践行清华育人理念和管理模式，我带头多次举办校长公开课、美育论坛、博士论坛，倾力打造“勤廉清嘉党建品牌”“清禾研训”“水木清嘉教师卓越工程”“清华领军英才计划”等特色项目。近年来，受上级部门安排，学校经常接待有关部门调研考察及各地交流访问，我所做的迎检汇报、专题报告、主题讲座超过200次。吕校长从早到晚，以校为家，提出教师“五到位”，形成“严、活、细、实、新”五维管理机制，强抓教育教学及日常管理，从文明礼仪、汉字书写，到思政教育、习惯养成，再到学科强基、培优补弱，事无巨细皆精益求精，学校美誉度逐年攀升。

3. 微光成炬，清嘉照亮禾城

如今的清嘉学校拥有11个年级、近4000名师生。“清小禾”（清华附中嘉兴学校学生的昵称）们迎着朝阳和余晖在田径场上挥洒汗水，“无体育，不清华”的标语与镌刻“行胜于言”的日晷，共同诠释了清华人的体育精神；清华学长书屋、未央书院以及墙上比比皆是的活动海报，营造出了浓厚的书香校园氛围。

近日，浙江省教育厅一位领导带队到嘉兴中小学调研。带队领导在来之前专门用 DeepSeek 挑选了嘉兴最值得参观考察的学校，AI 首推清华附中嘉兴学校。调研结束，领导又幽默地说道，AI 的推荐真实可靠，大家要多使用 AI，也要学习清华附中在特色办学及改革创新上的经验做法。

办学 4 年，学校荣誉斐然：浙江省航空航天特色学校、阳光体育后备人才基地、省冰雪项目人才培养基地、中国物理学会“蒲公英计划”基地校、清华大学“国优计划”基地校、嘉兴市学术型高中试点学校、嘉兴积极教育试点学校……2024 年，学校的首届初中毕业生中考成绩亮眼，高中录取分数线较往年大幅提升。

清嘉学校以“3510”战略规划为蓝图，致力于打造“红船旁清华附中金名片”。6 年前，我们规划冰球馆时，引发了众多争议，如今 1800 平方米的国际标准冰球场已成“江南冰城”的标志。从滑冰必修课到专业俱乐部，学生在全国赛事中屡创佳绩。各支校队代表嘉兴或浙江荣获省级、国家级比赛奖项百余项，6 人获“国家运动健将”称号，更涌现出首位职业冰球运动员闫峰。学校每年举办冰上项目的全国俱乐部联赛、长三角邀请赛、省锦标赛等多项赛事，不仅让“无体育，不清华”的理念落地生根，更带动了浙江省冰雪项目快速发展。

嘉兴清华校友设立了“励志奖学金”，捐赠通勤大巴、3000 余册书籍，并经常地给师生开展主题讲座。“一入清华门，一生清华人”，清华人的精神图谱是一幅融合了爱国、奉献、智慧、使命与担当的家国画卷。在这里，清嘉人、清华人以知识为炬，以信念为帆，以清华精神滋养清禾园，不断探索教育的无限可能，如同园中那些挺拔的翠竹，坚韧向上，追寻自我，成就未来。

4. 结束语

嘉兴教育平台曾如此评价清嘉团队:“一世情、两地书、三尺台，他们是智力援助的实践者，以舍小家、为大家的教育情怀，在祖国最需要的地方播下希望的种子；他们是‘优学在嘉’的支撑力，以启智润心、因材施教的教育智慧，在心系的第二故乡书写人民满意的教育；他们是共同富裕的领跑人，以一个人带动一个团队的教育追求，在异校的三尺讲台上青蓝携手育桃李。”以此致敬追梦路上的每一位清嘉人，清嘉人将继续以初心为舟，以实干为桨，驶向教育更广阔的海洋！

第十章

教育帮扶

——跨越山海共筑教育梦

“当好人民教育新示范，办好强国教育新样板”是新时代清华附中给自己确立的教育目标。为了实现这个宏伟的目标，清华附中除了通过集团化办学来辐射优质资源，还和国内其他知名学校一样，通过教育帮扶中西部地区的学校来扩大资源辐射范围，进一步优化区域教育资源配置，逐步缩小城乡、区域、校际、群体差距，为促进教育公平、乡村振兴，实现教育现代化作出应有的贡献。

一、担当责任使命，践行着力精微

清华附中立足长远，坚持“精准帮扶，长效发展”的原则，做到“输血”与“造血”并重；同时，以人为本，发挥当地师生的主体作用，输入清华附中的优质教育资源，提升当地教师自身成长能力，培养本土干部和教师队伍，激发当地教育发展的内生动力，帮助受帮扶地区实现教育可持续发展。

自 20 世纪 80 年代起，清华附中就开启了教育对口支援工作。学校选派优秀的教师前往贫困地区或教育薄弱地区进行支教和交流，通过示范教学、教学研讨等方式，提升当地教师教学水平和教学质量。

几十年来，清华附中凭借深厚的教育底蕴和优质的教学资源，不断向教育资源匮乏的地区伸出援手，从最初的师资培训、教学交流，到后来的课程资源共享、教育理念革新，为偏远地区的学校和学生带去了知识的光芒和希望的种子，为推动我国教育事业的均衡发展作出了重要贡献。

如今，清华附中的教育帮扶版图已广泛覆盖到了国家中西部各省（自治区）。援助的内容涵盖师资力量的派遣、教学资源的共享、课程体系的创新，乃至学生的成长等方面。一系列个性化的帮扶举措如同一张细密的网，覆盖了从城市到乡村、从基础教育到特色教育的广阔领域。

近年来学校还陆续承接了中央组织部和教育部的“组团式”帮扶工作项目、教育部部属高校县中托管帮扶项目、清华大学帮扶项目，以及名校长工作室等多项任务，持续发挥着名校的示范辐射和卓越引领作用，助力帮扶地区基础教育水平的高质量发展。

为做好精准帮扶，清华附中完善机制，科学谋划，深入调研，精准施策。在对受援地区教育现状进行深度了解之后，根据实际需求制定“一校一策，一县一案”的帮扶方案。清华附中聚焦学校管理、教师发展和学生培养 3 个层面，坚持问题导向，抓住关键，力图通过全方位的帮扶提升学校教育教学质量，凝聚向心力，共谱同心圆。

在学校管理层面，开展中层干部的学习培训，更新教育理念，提升管理水平。清华附中开设干部管理能力提升培训班系列课程，每月定期开展理论学习；同时，进行不定期的校际互访和交流，邀请受援学校干部到附中参观座谈。

在教师发展层面，强化师资培训，全面提升教师素养。清华附中利用假期积极组织名师、专家赴受援学校当地开展课堂诊断、学科讲座，不断提升当地教师的教育教学水平；每月开设教师教学能力提升高阶研究课程或学科专题教研课程等，为受援教师提供学习平台；共享丰富的线上资源，“互联网 + 教育”主题式优质课、青年教师基本功展示大赛、一线教师课堂教学改革培训、青年教师成长讲座等在线教育资源得到当地教师的好评。

在学生培养层面，清华附中通过学生交流、朋辈互助激发当地学生学习内生动力，以点带面推动学生整体进步。

清华附中组织部分班级与帮扶学校学生结成姊妹班，并在学生节、校庆等活动期间邀请帮扶校学生来附中参观体验；遴选帮扶校学生参与“成志英才培养计划”和数学科技营活动，为部分学生代表提供研学、互动交流和专门培养的机会，形成“头雁效应”，提升了当地学生的学习内驱力。

通过努力，清华附中的教育帮扶工作已经取得了阶段性成效。不少受帮扶学校在教育教学质量方面逐步提升，实现了“低进高出，高进优出”；学生综合素质大幅提升，本科上线率明显提高，教师和学生有多人在当地省市级比赛中获奖，学校也获得了多项荣誉称号。

清华附中发起的“成志英才培养计划”公益项目，为教育欠发达地区的学生提供了全面发展的平台。从该项目毕业的学生大部分考入国内知名学府。该项目先后被评为“北京市小微志愿服务支持计划优秀项目”“首都最美志愿服务项目”，并荣获全国“最佳志愿服务组织”和北京市“首都最美志愿服务组织”等荣誉称号。

清华附中通过自身的努力，引导帮扶学校教师学习先进的教育理念和多元化的教学方法，提高自我成长的能力，在“输血”的基础上加强“造血”能力，让当地学生即便在本地区也能享受优质的教育资源。清华附中以一校之力，在祖国中西部的大地上，以星火燎原之势，推动区域教育质量快速提升，促进当地实现乡村教育振兴与教育振兴乡村的良性循环。

二、坚持理念引领，注重帮扶实效

教育帮扶是一个系统工程，并且对于具体受帮扶学校来说是有时间期限的。如何在有限的帮扶时间里快速提升受帮扶地区学校的教育质量并且形成可持续发展的态势，即提高帮扶效率，这是清华附中和受帮扶学校双方都要考虑的首要问题。清华附中坚持“授人以鱼，不如授人以渔”的原则，注重通过多种举措将清华附中先进的办学理念输入受帮扶校，激发并引领受帮扶学校的内生动力，帮助其形成自身持久的“造血”能力。为达成这样的目标，清华附中坚持问题导向和系统思维，形成了“理念引领，制度保障，资源整合，精准施策”的教育帮扶工作体系。清华附中成立了由校长牵头的教育帮扶工作领导小组，统筹协调各项帮扶工作，确保帮扶工作有序推进；探索建立长效机制，将教育帮扶与学校教育教学改革、教师队伍建设、学生培养等工作有机结合，形成了全方位、多层次、立体化的教育帮扶新格局。

由于接受教育帮扶的地区、学校发展水平不一致，具体的办学环境也各有不同，帮扶工作不能搞“一刀切”，而要根据不同地区、不同学校的实际情况，制定个性化的帮扶方案，确保帮扶工作取得实效。清华附中在启动每个具体帮扶项目之前，都要深入调研、精准对接，了解受帮扶学校的实际需求，制订切实可行的“一校一策”的帮扶计划，有的放矢地开展具体工作。例如，在对口支援经济较为落后的四川山区的几所学校时，我们的重点是帮助改善这些学校的基本设备设施、培训合格的教师人才，为当地学生开阔视野以激发他们学习的动力，等等。而针对一些县中托管项目学校，由于它们本身就是当地教育教学水平最高的学校，需要学习的是如何培养拔尖创新人才等经验，清华附中在帮扶时就要输出与前者不同的资源。总之，唯有精准把脉、对症下药，才能真正取得帮扶实效。

虽然承担着艰巨的帮扶任务，清华附中一直都不放松自身的高质量发展。在保证自身发展的前提下，学校克服各种困难，不断创新帮扶模式，形成了“线上线下相结合，长期短期相补充”的多元化帮扶模式。学校充分利用现代信息技术，搭建线上教育资源共享平台，实现优质教育资源的跨区域共享。同时，学校也抓住一切有利时机开展线下帮扶活动，利用节假日组织不同批次的优秀教师赴受帮扶学校开展支教、讲座、示范课等活动，面对面交流指导，提升帮扶实效。

清华附中注重总结经验，推广成功做法，为全国教育帮扶工作提供有益借鉴。学校通过撰写帮扶案例、举办经验交流会、开办网络平台校长专栏等方式，分享帮扶经验，推广成功做法，在全国范围内对兄弟学校起到了示范引领作用。

三、育人星夜在途，奋进久久为功

清华附中的教育帮扶工作历经半个多世纪，从最初的任务驱动到现在的使命驱动，始终与国家时代需要同呼吸共命运。这些脚踏实地的工作取得了显著成效，得到了社会各界的广泛认可。学校先后与中西部所有省（自治区）多个地区的学校建立了帮扶关系，累计派出数千人次教师支教，培训了数万人次教师，惠及数万名学生。

但我们深知教育帮扶工作依然在路上，面临着许多挑战。例如，对于资源输出校，要考虑如何进一步优化帮扶模式，确保资源分配更加均衡；如何在更大范围内推广成功经验，助力更多地区的教育发展。对于受帮扶校，要考虑如何在受帮扶期内最大限度地学习借鉴适合本地本校的经验做法，将其尽快转化为自身成长的力量；以及如何摆脱依赖心理，在未来结束帮扶后，能够依靠自身能力实现学校的可持续高质量发展。

教育帮扶任重道远，需要持之以恒、久久为功。清华附中将继续以高度的责任感和使命感，秉持“自强不息，厚德载物”的校训精神，进一步加强与受帮扶学校的交流合作，探索建立更加紧密的帮扶机制，实现资源共享、优势互补、共同发展。同时学校也将携手各方力量，共绘教育均衡发展的新图景，为实现中华民族伟大复兴的中国梦贡献力量。

四、借船出海，奔赴星辰大海——南涧一中的蝶变

文 / 南涧彝族自治县第一中学　杨映红

和国内其他名校一样，为了推动区域优质教育资源的均衡发展，清华附中也承担了艰巨的教育帮扶任务。云南大理白族自治州南涧彝族自治县是清华大学精准扶贫和乡村振兴的定点帮扶县，南涧彝族自治县第一中学（简称“南涧一中”）也因此和清华附中结下了不解之缘。从深入调研找准突破口，到确定方案稳步推进，仅仅6年时间，这场跨越近3000公里的教育帮扶实践就结出了累累硕果，南涧一中脱胎换骨完成蝶变，成为教育区域闪耀的新星。本文作者对清华附中的“精准滴灌”式帮扶做了全方位梳理，对帮扶的核心机制、成功经验做了深入总结。理性的文字背后，不仅仅是对“来时路”的复盘回首，更是对“星光不负赶路人”的教育使命最朴实的描述和纪念。

在滇西横断山脉深处，南涧一中的校史馆里，两个相隔6年的高考数据在一组直观形象的柱状图上形成鲜明的对比。2018年的数据，“一本”上线12人；而2024年的

数据，考上“一本”的学生达到117人，“一本”率超过20%，更有9名学子叩开985高校的大门，21名学子被211高校及其他“双一流”大学录取。这场教育蝶变的密钥，就藏在跨越近3000公里的教育帮扶实践中。

1. 精准“滴灌”，县中破茧成蝶

事情要从2018年7月说起。2018年秋，时任清华附中副校长的杜毓贞第一次踏入南涧一中，眼前的景象令她震惊：物化生实验室的器材多数封存在20世纪90年代的储存柜里，英语教师需要借助磁带纠正发音，教师办公室里堆积着零乱的试卷。更令人揪心的是，当年全县中考前150名的学生，没有1人留在南涧一中。

“教育帮扶不是大水漫灌，而要精准滴灌。”时任清华大学教育研究院基础教育研究所所长、清华附中校长王殿军的话，成为帮扶工作的行动纲领。经过一个月的深度调研，帮扶团队发现：县域教师最缺乏的不是硬件，而是先进的教育理念和专业的成长通道。

正是在这样的背景下，当年8月，清华附中开始结对帮扶南涧一中，授权南涧一中开设了“清华附中创新实验班”（简称“清创班”），并在德育管理、教学管理、教师培训、科普交流、学生研学等方面全方位对其进行帮扶指导，南涧一中从此走上创新发展的快车道。在过去6年多的时间里，南涧一中的教育教学质量不断提高，师生素质得到了全面提升，获得多项州、省级表彰，并于2021年12月顺利晋升为云南省一级三等高中。根据《教育部办公厅关于组织实施部属高校县中托管帮扶项目的通知》文件精神，2022年8月，清华大学与南涧彝族自治县人民政府和南涧一中签订了托管帮扶协议。在清华大学的主导下，帮扶工作主要由清华附中具体实施。协议签订以来，清华附中更是着力深化对南涧一中的帮扶。清华附中党政领导亲临南涧一中推动工作，专家骨干远赴南涧深入教学一线“把脉问诊”，使得南涧一中在新征程上获得了高质量发展的新引擎，在新赛道上跑出了创新发展的加速度。在南涧这片彝乡大地上，清华附中用“行胜于言”的生动实践，充分彰显了“自强不息，厚德载物”的校训精神。

教育人才“组团式”帮扶工作专家顾问委员、清华附中校长方妍这样解读帮扶理念：“我们不是要复制清华模式，而是要帮助每所学校走出一条‘育人为本，尊重规律，符合实际，改革创新，特色发展’的高质量内涵式发展之路，找到属于自己的星空。”

事实上，在过去6年的时光里，南涧一中按照培养拔尖创新人才的定位，进一步明晰了“为幸福人生奠基”的办学理念。清创班坚持以德育为先，形成了“坚持‘五育’，开创‘五新’”的工作机制，将清华大学托管帮扶南涧一中的工作变为县中脱困的生动实践。

2. 创新机制，成就“五好”品牌

“五育”即“德、智、体、美、劳”五育并举，全面发展。所谓“五新”，一是招生办班实现新突破。突破性地开办清华附中创新实验班，让南涧学生直接体验清华附中的教育理念。清创班学风浓、班风好、质量优，成为新时期南涧教育的一张名片，举起了南涧教育的红旗。二是学生外出求得新知识。依托实施“成志英才培养计划”等项目，让学生每年假期到北京等地接受培养，让大山里的孩子走出去学习，开阔眼界，增长见识。三是师资队伍凝聚新力量。清华大学每年选派研究生支教团，分别在南涧一中、南涧镇中学开展为期一年的全职支教活动，开展教学、师训、教研等相关服务互动工作，充分发挥了优质教师资源的示范带动作用，促进了南涧教师的成长和教育发展。四是教研师训获得新资源。灵活采取“请进来”“走出去”和线上、线下相结合的教研师训方式，使更多的教育优质资源惠及南涧，教研师训达到新水平。五是教学硬件得到新补充。通过捐资、捐设备，装备录播教室、智慧教研室等举措，学校的教学环境得到大改善。

依托清创班的辐射带动效应，南涧一中主动作为、冲锋突围，从战术上借清华的航母出海，到战略上锚定星辰大海，教育教学质量一年上一个新台阶，走上了创新发展的快车道，实现了“五好”新局面。

德育好。2021 年 12 月，南涧一中的德育工作方案，被评为全国第二批“一校一案”落实《中小学德育工作指南》224 个典型案例之一；2022 年 2 月，南涧一中被评选为“第二届大理白族自治州文明校园”。

智育好。6 年来，在生源结构相对弱势的背景下，通过引入优质资源、精细管理、科学执教，南涧一中高考成绩、育人质量持续稳步提升。考上“一本”的人数由 6 年前的 12 人增长到 2024 年的 117 人，6 年增长近 10 倍（其中清创班“一本”率保持在 80% 以上）；考上本科的人数稳定在 300 人以上；2024 年高考，600 分以上应届生有 11 人，文科最高分 621 分（全省第 1209 名），理科最高分 644 分（全省第 1279 名），9 名同学被 985 高校录取，21 名同学被 211 高校、“双一流”大学录取；2024 年 9 月，南涧一中获评为大理白族自治州“教育教学质量先进学校”。

体育好。体育教育全面开花，特色鲜明。比如，2020 年、2021 年、2022 年在大理白族自治州校园篮球联赛中，南涧一中男篮夺得一次季军、两次亚军；2024 年，男篮获全州第七名，女篮获全州第三名。

美育好。2021 年年底，南涧一中校园改扩建全面完成。精致的校园环境和丰厚的文化底蕴，时时处处滋养着学生，文化育人效果更加显著。2024 年 5 月，南涧一中被评为云南省“绿美校园”。

劳动教育好。2023 年 11 月，南涧一中被评为“云南省劳动教育试点示范校”；同年 12 月，生物教师杨文宇老师申报的课程“劳动获真知，劳动明事理”被评为云南省中小学劳动教育 50 节精品课之一。

如今的南涧一中，已成为大理白族自治州县域高中教育改革的“种子基地”。站在南涧一中新建的运动场上，副校长李崇华指着北斗七星说：“6 年前我们借清华的船出海，现在要带着更多的孩子奔赴星辰大海。”这或许正是教育帮扶的真谛：不是简单的资源平移，而是点燃发展的火种；不是单向的知识传递，而是唤醒创新的基因。当无量山里的课堂开始孕育改变世界的力量时，教育公平的阳光也照亮着每个梦想的征途。

五、从伊逊河到清华园——我的成志英才成长轨迹

文 / 北京理工大学学生　马率

在教育部关心下一代工作委员会的支持下，2013 年由中国下一代教育基金会和清华大学附属中学共同发起“成志英才培养计划”项目，旨在对教育欠发达地区的学生进行联合培养。项目每年从国家教育欠发达地区遴选出部分优秀学员，连续 5 年对学员进行学科知识、综合素质、爱国主义等方面的培养。参加这个培养计划的学员，正如本文作者一样，大多都从本地考上了“双一流”大学。“成志英才培养计划”是清华附中作为全国名校与偏远地区共享优质教育资源、挺膺担当社会责任的体现。来自基层的寒门子弟，通过该计划来到清华附中参加营地活动和线上、线下的课程培养，不仅有机会接触到名校的学习资源，更重要的是把“自强不息，厚德载物”的精神火种带到各自的家乡，成为点燃众多青年学子希望和信念的星星之火。

晨光初透时，我总爱站在露台远眺。燕山余脉如墨痕横斜，蜿蜒的伊逊河将县城裁成两片，河面上蒸腾的雾气

仿佛把时空凝结了。思绪倒流回5年前的那个下午，当那辆载着“成志英才培养计划”学员的火车驶出一条条隧道时，我望着车窗外渐次退去的山影，浑然不知车门再次开启后，自己将面对怎样的天地；更难以意识到，这个项目在日后，对我深刻而持久的影响。

1. 步入清华，谱写昂扬的青春交响

至今，我还记得第一次踏进清华附中时的恍惚。玻璃幕墙折射的阳光比家乡的更亮些，塑胶跑道相较于土操场更显出夏日炎炎。语文课上，我们围坐在一起，翻看着汪曾祺的《葡萄月令》，那细腻的文字、生动的描绘，让我们仿佛置身于葡萄园中，感受着四季的更迭与生命的韵律；我们热烈地讨论着故宫的历史文化，古老的宫殿、沉重的历史，在我们的口中变得鲜活起来。音乐课上，附中老师用富有感染力的声音，教我们唱起带有京剧腔的歌曲，那独特的旋律、婉转的唱腔，让我们领略到了国粹的魅力；我们拿起画笔，一起手绘京剧脸谱，每一笔都蕴含着对传统文化的敬畏与热爱。数学课上，附中老师用那些新奇的教具，将书本上一个个抽象的定律、公式变得生动而形象。那些曾经让我们头疼不已的数学难题，在老师的讲解下变得豁然开朗。我们沉浸在数学的海洋中，感受着数字与图形的奇妙组合，仿佛打开了一扇通往未知世界的大门。

我们一起携手并肩，爬过那蜿蜒曲折的长城，踏过历史的尘埃，感受着千年的沧桑与辉煌。我们也曾漫步在天坛的建筑之间，聆听历史的回响。我们曾前往成都电子科技大学实验中学参观，被那里浓厚的学术氛围和创新的活力深深吸引，仿佛看到了自己未来的无限可能。我们前往常熟世界联合学院体验生活与学习，领略到了多元文化的碰撞与融合，拓宽了视野，也更加珍惜这份来自五湖四海

的缘分。

同学，你是否还记得，在那紫藤树下，我们叽叽喳喳地讨论着辩论赛的论题，每一个观点都碰撞出智慧的火花，那份热情与执着，如今想来依旧让人热血沸腾。你是否还记得，我们之间那些独特的“梗”和笑点，每一次提起都能让彼此会心地一笑。那些或甜蜜或苦涩的瞬间，如同珍珠般串联起我们的青春岁月，不断闪耀着独特的光芒。

老师，当年您用那温柔而坚定的眼神，对待每一个遇到的学生，帮助我们开启生命的探索之旅，在我们心中播下梦想的种子。从那时起，岁月就注定会投回诸多像我今天一样的絮絮叨叨。学生们总忍不住想向您倾诉，而这些承载着感激与思念的话语，将跨越时空的界限，不断传递着永恒的师生情谊。

2. 成志为本，体悟爱与责任

回首这 5 年的求学历程，我深感“成志英才计划”不仅是一扇通向优质教育资源的门，更是一面映照自我的明镜。在附中的日子里，我逐渐明白，知识的获取不是简单的记忆与重复，而是对世界认知方式的革新。正如王国维在《人间词话》中所言:“古今之成大事业、大学问者，必经过三种之境界。”从最初对知识的饥渴，到对真理的追寻，再到对智慧的领悟，这个过程恰似登高望远，每上一层，都能让我看到更辽阔的风景。

我特别要感谢附中的老师们，他们不仅传授知识，更教会我们如何思考。记得历史课上，老师从不要求我们死记硬背年代事件，而是引导我们思考历史发展的规律与人性。这种教学方式让我想起司马迁“究天人之际，通古今之变”的治史精神。在老师的启发下，我学会了用批判性思维看待问题，用同理心理解他人，这种思维方式的转变，远比知识的积累更为珍贵。

与来自各地的优秀学子朝夕相处，也让我对“英才”二字有了更深的理解。真正的英才，不在于考试成绩的高低，而在于是否具备独立思考的能力、服务社会的担当和追求真理的勇气。正如梁启超在《少年中国说》中所言：“少年智则国智，少年富则国富，少年强则国强。”我们这一代青年，肩负着时代的重任，更应当以开放包容的胸怀，汲取各方智慧，为社会发展贡献力量。

也因此，在毕业两年后，我顺理成章地再次返回我所钟爱的清华附中，返回成志英才项目组，只不过是以成志英才项目志愿者的身份。身份的转变带来心境上的差异，看着讲台下第十一届学员稚嫩的面孔，心中满是一种我想称之为反馈的冲动。这有点像一种传递，我曾经接受过无条件的教育与爱，我迫切地想将其原原本本，甚至加倍地回馈给新的学员们。我不禁会想：“计老师、张老师刚参与英才计划时也不过二十几岁吧，彼时他们的心境和我又有怎样的相同与不同呢？现在台下年轻的同学们，5 年之后是否会作出和我一样的选择，回来当志愿者，将这份爱传递下去呢？”

“成志英才计划”给予我的，不仅是知识的增长，更是视野的开阔和人格的完善。它让我明白，教育的目的不是培养精致的利己主义者，而是造就具有家国情怀和社会责任感的时代新人。正如陶行知先生所说：“教育是立国之本，兴邦之基。”这个项目为偏远地区的学子打开了一扇窗，让我们能够跳出地域的限制，在更广阔的天地里追寻梦想。

如今，当站在人生的十字路口回望时，我深深感激这5年的际遇。它不仅改变了我的人生轨迹，更重塑了我的精神世界。我深知，这扇门的开启只是一个开始，未来的路还很长。但正如屈原所言:“路漫漫其修远兮，吾将上下而求索。”带着这份感恩与责任，我将继续前行，在知识的海洋里探索，在人生的道路上成长，为实现个人价值和服务社会而不懈努力。

六、一生清澈，与你相约——记“微公益·梦起航”学生支教团

文 / 高 23 级学生　田若凡

走出校园到基层，走上讲台当“先生”，这是清华附中学生支教团对本校同学的号召。从这一号召发起至今的 11 年间，百余名清华附中教师和近千名附中学子赴四川、陕西、内蒙古、河北、山西、河南等地，开展了丰富多彩的支教助学活动。“给别人一个梦想，给自己一份成长”，对参与这项活动的学生来说，在作出奉献的同时，也有机会深入了解社会民生，培养自己的同理心、自信心和责任担当。“时代为志”的办学理念，“家国情怀”的育人目标，在这项特色德育活动上得到了具体体现。通过本文作者的叙述，支教助学的甘苦、个人成长的反思均跃然纸上。

我开始了解清华附中的支教活动，是在 2024 年“五四”团日的“微公益·梦起航”10 周年总结大会上。我看到支教团的学长学姐们在 10 年间奔向全国各地，走上乡村学校的讲台，无惧险阻、不畏艰辛。从他们每个人熠熠生光的眼睛中，我看到了“给别人一个梦想，给自己一份成长”

的不悔初心。10 年过去了，附中支教的路线在增多，规模在扩大，但始终不变的是那青春身影的担当与风采。这让我瞬间感到，自己离这 10 年很近很近。

1. 满怀憧憬，参与集体支教

不久后，我上交材料，并成功通过了面试。随后，同行的伙伴们又确定了各自所教的科目，成立了班级工作组，开始备课。第一次独立设计一堂课，不算太难，但那个过程让我至今记忆犹新。在完成课内学习任务后，我在深夜打开电脑，虽有疲惫，但心中洋溢着憧憬的喜悦：我真的要去当老师啦！

我讲授的科目是语文，起初我有些贪多，选入了难度较大的几篇诗歌，并且试图加入相对学术性的知识。但通过与老师的交流，我试着去考虑小学生的水平与兴趣，把自己带入一个三年级学生的视角——我对什么感兴趣？我喜欢听什么样的课？就这样，我一天一天打磨着，反反复复修改教案和 PPT，尽力让课堂深入浅出、丰富多彩。

在清华附中教育基金会、清华附中校团委的组织下，任星阳、娄赛赛、冯明、王佳妮 4 位带队教师带领 22 名高一学生志愿者赴山西省侯马市浍滨学校开展支教和研学活动。2024 年 7 月 15 日至 20 日，我们要在这里共同书写“微公益 · 梦起航”新的故事。

在夏日的一场大雨中，我们师生一行 26 人到达了支教的浍滨学校，受到了当地师生的热烈欢迎。大会后我们简单地熟悉了学校环境，这里的物质条件的确不算理想：课桌椅老旧，操场是水泥的，盛夏的教室里只有风扇嘎吱作响。但没人有怨言，大家都满怀期待地准备在第二天跟学生见面。

我们为浍滨学校的同学们准备了学科丰富、形式多样的课程。按照预先排好的课表，每位老师的课时不尽相同，同一位老师也可以非常灵活地跨年级、跨科目授课。而我除去第一天的班会，每天会讲一节语文，还会在另一位老师的课堂上担任一节课的助教工作。助教主要负责分发东西、维持纪律。另外，值得期待的是，全部助学课程结束后，支教团还将自编自导，举办暑期实践活动联欢会。各班都早早为准备节目忙碌起来。

2. 真实课堂，感受育人之光

然而，到了正式开课时，我却被各种未曾设想的困难打了个措手不及。班会课的不完美、当助教时的疏漏、第一节语文课的多次冷场……一天下来，有收获的喜悦，也有失落与不知所措。回到住处，我极度疲惫地倒在床上，泪水开始在眼眶里打转。但是没过 5 分钟，我又擦掉了泪水，爬起来修改第二天的课程安排。由于之前的课程设计此时看起来都不太适合三年级的学生，所以修改的过程几乎就是全部推翻重来。我不禁对此行的目的再一次反思：短短 4 天，我曾多么希望带给他们尽量多的知识，但我忽略的是，这些十几岁的孩子，一定期望从“北京来的大哥哥大姐姐”那儿学到一些不一样的东西。基于这样的思路，我加入了手工折纸、辩论赛等形式，去除了很多知识的枯燥介绍。终于，第二天的授课效果颇佳。

困难与意外仍会不期而至，有时使我跌跌撞撞，有时使我手忙脚乱，但我只要一走进教室，就强迫自己稳定住情绪，像一位真正的老师那样去解决问题，撑起小教室里的一方天地。我懂得了“凡事预则立，不预则废”的道理，学会干净利落地处理班级事务，还学会在睡前仔细地复盘自己的一天，与老师讨论改进方案。

办公室里，有人提起授课或是纪律方面遇到的困难。这时候，老师会和同学们集思广益，一起想办法修改课件，为学生提供更丰富的内容。下班路上，我们也总是喜欢讲自己班里小朋友的有趣“事迹”，吹嘘着谁又作出了最有创意的拼贴画，谁又送了我一朵蒲公英……我们一起走在槐花满地的小巷子，在欢声笑语中不知不觉地建立起深厚的情谊。

获得小朋友的认可其实很简单，只需要我们付出同样的真情。话剧表演、盐水小车实验、第一堂哲学课……几天的支教，难以承载所有我们想要分享的知识，但丰富多元的课程却足以为孩子们推开一扇全新的门，帮他们走向无限的未来。我相信，这里的每个孩子都像含苞待放的花朵，会在不曾设想的时刻展现出令人惊奇的天分。而他们要做的，只是冲破一切外界赋予的定义，迎来恣意而自由的生命绽放。

在看见世界的同时，我们也要带着他们看见自己。课堂从不是冷冰冰的场所，而是承载生命温度的精神空间。令我印象深刻的是我做助教的最后一堂课。老师讲的主题是“梦想”，有同学举手说：“老师，我的梦想是成为外星人！”那位老师愣了一下笑着说：“你是地球人，这已经在你出生时就决定了；但换个角度想，在外星人看来你就是个外星人呀！”几天的课程他们也许很快就会忘记，但总会有一些东西会留在他们的心中，潜移默化地影响他们的人生，比如亲近自然、热爱生命、永远好奇、追求理想，以及独立思考的头脑与对他人的爱心。

支教结束前，我们参加了与浍滨学校的交流反馈座谈。大家都分享了几天授课与观察的体会，并提出了自己的建议。我们的告别没有想象中的难舍与泪水，而是多了很多对未来的希冀。这不是终点，而是我们的起点，我们都将带着这一份成长的行囊——相信自己能改变世界的执着、一次次打碎自己再重组的勇气，以及永不褪色的童心、爱心与初心，走向更远的地方。